中华故事汇人物

中华先贤人物故事汇

霍去病

胡　辉　著

中华书局

图书在版编目(CIP)数据

霍去病/胡辉著. —北京:中华书局,2019.6(2024.7 重印)
(中华先贤人物故事汇)
ISBN 978-7-101-13837-5

Ⅰ.霍… Ⅱ.胡… Ⅲ.霍去病(前 140~前 117)-生平事迹
Ⅳ.K825.2

中国版本图书馆 CIP 数据核字(2019)第 058217 号

书　　名　霍去病
著　　者　胡　辉
丛 书 名　中华先贤人物故事汇
责任编辑　傅　可　董邦冠
美术总监　张　旺
封面绘画　张　旺
内文插图　王　洋
责任印制　管　斌
出版发行　中华书局
　　　　　(北京市丰台区太平桥西里 38 号　100073)
　　　　　http://www.zhbc.com.cn
　　　　　E-mail:zhbc@zhbc.com.cn
印　　刷　三河市宏达印刷有限公司
版　　次　2019 年 6 月第 1 版
　　　　　2024 年 7 月第 4 次印刷
规　　格　开本/787×1092 毫米　1/32
　　　　　印张 4¼　插页 2　字数 50 千字
印　　数　32001-34000 册
国际书号　ISBN 978-7-101-13837-5
定　　价　18.00 元

出版说明

孔子周游列国，创立儒家学说；张骞出使西域，开辟丝绸之路；书圣王羲之，留下了曲水流觞的佳话；诗仙李白，写下了"举头望明月，低头思故乡"的名篇；王安石为纠正时弊，推行变法；李时珍广集博采，躬亲实践，编撰医药学名著《本草纲目》……

这些杰出的历史人物，有的是在中华民族文明进程中做出过突出贡献、对后世产生过巨大影响的思想家、政治家，有的是对中华优秀传统文化的传承传播发挥过重大作用的文学家、艺术家、科学家，有的是为国家安定统一、民族融合团结和中外文化交流做出过杰出贡献的军事家、外交家……他们为中华民族的繁荣发展做出了伟大的贡献，他们的行为事迹、风范品格为当世楷模，并垂范后世。

他们是中华民族的先贤人物。他们的思想、品德、事迹，是中华优秀传统文化的结晶。他们的故事，是对中华民族的禀赋、特点和气质最生动、最鲜活的阐释。他们的名字，在五千年中华文明史上最为光彩夺目。他们为五千年中华文明史书写了最为光辉灿烂的篇章。

为了解先贤，走近先贤，我们精心组织编写了这套《中华先贤人物故事汇》丛书。以详实可靠的史料为依据，以细腻动人的故事为载体，真实地呈现中华先贤人物的事迹、品格和精神风貌，彰显他们的贡献和功绩，以激发人们对国家民族的热爱，对中华文明、中华优秀传统文化的崇敬。

开卷有益，期待这套丛书成为你的良师益友。

目 录

导 读

　　生活于北方草原上的匈奴，自公元前3世纪兴起以来，一直是中原人民和平生活的巨大威胁。西汉时期，汉高祖刘邦被匈奴冒顿单于围困于白登山，险些被俘。后来，汉朝对匈奴实行和亲政策，但无法从根本上遏制匈奴的袭扰。汉武帝时期，凭借"文景之治"积累的物质财富，武帝终于决心彻底解决匈奴之患，从此揭开了汉匈之间大规模战争的帷幕。霍去病就是汉匈战争中熠熠生辉的一代名将。

　　霍去病出生于公元前140年，在他十二岁时，其姨母卫子夫被汉武帝册封为皇后。霍去病的舅舅乃战功卓著的卫青，卫氏一门由此极尽显赫。环境优渥的霍去病并没有倚仗权势成为游手好闲的纨绔子弟，而是在很小的时候就立下壮志，发誓要打败匈奴。

纵观数千年的中国军事史，霍去病也堪称出类拔萃的少年将领。十八岁时被汉武帝封为嫖姚校尉，率八百部下，深入匈奴腹地千余里，大胜而归。由此，被汉武帝封为"冠军侯"。此后霍去病数次出征，创造了六天横扫匈奴五国的辉煌战绩，为汉朝北疆的和平与稳定立下了不朽功绩。尤其是漠北之战，不仅歼灭匈奴七万多精锐，还以"封狼居胥"之举，为自己青史留名，也使之成为此后中国兵家的至高梦想与追求。

霍去病骁勇善战，用兵果断灵活，从不拘泥于前人的战术。在战场上，他身先士卒，以自己的决心和勇气激发将士的斗志。他将闪击战和长途奔袭进行了完美融合，堪称天才性的战术思想。正是霍去病与卫青的彪炳战功，从根本上解决了武帝一朝的匈奴边患，对开拓西北疆域做出了杰出的贡献，并为汉朝与西域的交流提供了客观的保障。更为难能可贵的是，当汉武帝嘉奖霍去病，为他修了一座府邸，霍去病的回答是"匈奴未灭，无以家为"，令人赞叹。

　　可惜的是，这位军事史上不世出的天才，于武帝元狩六年（前117）病逝，年仅二十三岁。霍去病短暂而灿烂的一生，成为不可复制的传奇。

上林行猎

1

　　西汉武帝元朔六年（前123）初春的一日。长安郊外，方圆三百余里的皇家园林上林苑内，山峦起伏，林木参差。远处的草地百花齐放，令人赏心悦目，盎然春意扑面而来。

　　苑内，一队人马正驰骋奔腾。

　　当中最显眼的那位龙袍锦带，乃时年三十三岁的当朝皇帝刘彻，紧随其后的青骢马上，端坐着一白衣少年，他就是武帝宠爱的侍臣霍去病，正值十七岁的锦绣年华。二人身后跟随着几十个宫廷侍从。他们擎盖舞旗，奋力挥鞭，朝猎场奔去。

汉武帝一边鞭马，一边不时回头看霍去病。只见他双眉紧锁，似是心事重重。武帝嘴角露出一丝不经意的笑意，然后高声催马，胯下的白龙驹飞驰而去。

霍去病看见皇帝加速，也不由赶紧挥鞭策马赶上去。

当朝皇帝行猎，苑内守卫暂且退避，不能让飞禽野兽被不慎惊走，坏了皇上兴致。

一行人扬鞭策马，不多时到了猎场深处。

眼前是一片起伏的山丘，山丘背后，便是终南山西麓。远远看去，群峰都被春日涂抹上一层仿若酡红的烟岚。

武帝勒住马，转头对跟上来的霍去病说道："去病，今日陪朕狩猎，怎么像是提不起精神？"

霍去病立刻拱手回道："臣不敢。"

武帝凝视着霍去病，说道："朕知你心意。长平侯出征之日，朕已说得清清楚楚，待你年满十八岁，朕自会允你随军杀敌。"

霍去病皱眉叹息，抬头看向远方山丘，说道："臣恨不得早生一年，此刻便已随舅舅大军北上了。"

武帝微微一笑，说道："匈奴士兵有三十万之多，觊觎朕的江山也非一朝一夕，你还怕没有机会北击匈奴吗？"

霍去病再次拱手说道："臣明白。"

武帝远望山峦，不觉间眉头微皱，说道："长平侯率军北征，已然三日，你可知朕为何要来狩猎？"

霍去病微微一愣，回答说："臣愚钝，请陛下明言。"

武帝抬头看碧空如洗，又凝目如黛远山，说道："长平侯首次北征，乃元光六年（前129），一役破袭匈奴龙城，洗刷高祖白登之耻，天下震动；二次出征，乃元朔元年（前128），出雁门斩敌数千；第三次出征，是元朔二年（前127），收复河朔，为本朝开疆拓土，立下汗马功劳。此次已是长平侯第四次率军北上了，他这次的对手，是兵强马壮的匈奴右贤王。"

霍去病听到这里，拱手说道："这些臣已知晓。"

"知晓？"武帝嘴角浮起一丝冷笑，说道："你是只知其一，不知其二。"

霍去病不觉被吸引，说道："还请陛下明示。"

武帝缓缓说道："长平侯收复河朔之后，朕徙民十万，设河朔郡。当日左内史公孙弘便上奏反对，说设郡之举，与当年蒙恬筑城北河无异，除了劳民伤财，起不了什么作用。"

霍去病很诧异地问："陛下是天子，他如何敢反对？"

武帝道："朕虽是天子，也需有直言之臣，不然这天下如何安定？若长平侯此次获胜，自是稳固北方；若是失败，迁徙过去的十万子民生灵涂炭，朝廷将失去民心。"但他旋即又说："可朕的长平侯又岂是蒙恬之辈可比的？真乃笑话！"

霍去病眼睛忽然亮了，说道："臣明白了，陛下出来狩猎，就是为了避开朝中异议。"

武帝看了霍去病一眼，没有接他的话，而是说："朕闻得终南山近来有虎，今日狩猎你可得小心了。"

霍去病不以为意："臣若惧虎，如何还敢北击匈奴？"

武帝哈哈大笑，说道："那今日你与朕比比，看谁的猎物更多！"说罢，武帝一提缰绳，胯下白龙驹顿时撒开四蹄。

霍去病终究是年少，武帝之言，使他不觉忘记了自己的烦心事。见皇帝英姿勃发，他不由胸口发热，豪气陡升，挥鞭抽向马臀，紧紧跟上。

跟随狩猎的一众侍从尽知皇上宠爱霍去病，此刻听他们的对话，感到皇上对霍去病是少见的推心置腹，霍去病也无丝毫讨好谄媚之态。众人见皇上和霍去病策马奔驰，纷纷催马跟上。

2

皇上的白龙驹实在太快，不多一会儿，就看到终南山麓了。

霍去病也快马加鞭，想赶上皇上。

突然间，武帝胯下的白龙驹长嘶一声，前蹄高高抬起。武帝临变不惊，双手紧扣缰绳，想控制住马匹。抬眼一看，前面居然有一只斑斓猛虎，白龙驹惊得尖声长嘶。武帝素来喜猎，却从未如此近距离遭遇老虎，当下来不及多想，迅速拔出腰间宝剑，想去刺虎。不料白龙驹受惊不小，四蹄乱蹬。

老虎锯牙钩爪，朝武帝直扑过来。

就在此时，霍去病快马已至。见皇上危险，他闪电般弯弓搭箭，朝老虎射去。

其他侍从不敢这么做，毕竟皇上在前，万一不小心射中皇上，那便是弑君之罪了。霍去病十分冷静，箭法精湛，流星般飞去的箭矢从老虎扬起的左爪直接穿过。

老虎剧痛，狂吼数声。武帝已趁这间不容发的紧急关头，赶紧往回奔去。

霍去病又搭上第二箭，再次引弓射去。

这一箭，将老虎的右耳射穿。

老虎声吼如雷，纵身向霍去病扑来。

霍去病此时已跳下马鞍，长剑出鞘，大步朝老虎迎去。

随即赶来的侍从赶紧组成人墙将武帝围住。

刘彻临阵不乱，他喝道："快去助战霍去病！"

霍去病已奔到虎前，头也不回，大喊一声，"谁也不要上来！看我毙掉这只大虫！"

武帝心中一动，吩咐道："大家备好弓箭，看霍去病毙虎！"

那些侍从便纷纷张弓搭箭，但只是瞄准，暂不射出。

那老虎似乎也感觉到霍去病身上的杀气，前爪按地，低声沉吼。

霍去病双脚站稳，手中剑指向老虎，全神贯注地凝视。

老虎身上两处受伤，疼痛难忍。它狂吼一声，身子纵起，朝霍去病扑去。

旁观众人不禁惊呼，心都吊到了嗓子眼。

霍去病见老虎扑来，他迅速朝老虎腾跃的身体下滚去，手中剑朝上一刺，剑尖从虎喉笔直穿过虎额。老虎扑通一声，将霍去病压在身下。

侍从中有人叫声"不好"，抢步上前。

还未走到近旁，霍去病已昂然站直身形，拔下的剑刃上鲜血淋漓。他威风凛凛，大踏步朝众人走来。

大家一阵狂呼。武帝在旁，微微点头，脸上浮起一丝微笑。

老虎身上两处受伤，疼痛难忍。它狂吼一声，身子纵起，朝霍去病扑去。

霍去病走到武帝身前，单膝一跪，说道："让陛下受惊是臣下之过。"

武帝哈哈大笑，说道："去病果然身手不凡！快快平身。"

霍去病仍是单膝跪地，把剑放到地上，双手抱拳，恳求道："陛下！臣都能独毙猛虎，还不能北征匈奴吗？"

武帝脸上的笑容蓦然一收，冷冷说道："霍去病，你可知匈奴人能独自毙猛虎的有多少？你未到出征年龄，朕决不会允你北上！"

3

被老虎惊吓之后，武帝意兴阑珊，下令即刻返回皇宫。

侍从们见霍去病独自毙猛虎，俱是心下佩服，但见皇上脸色不悦，也不敢多提。霍去病沉默不语，走在最后。他不能理解，皇上为何就是不允许自己随舅舅卫青出征。

不错，自己是年龄小点，但十七岁也已经不是小孩子了。多年来的刻苦磨砺，不就是为了能跃马疆场吗？

是的，皇上答应过他，等明年他十八岁时，便可随军北上。这也是舅舅几年前答应过的。他知道，不论天子还是舅舅，都不会忘记承诺的事，但他刚才已经证明了自己的勇武，皇上怎么还是坚持不允？

非得再等一年吗？

一年太漫长了，霍去病的心早已飞向了漠北。

他望着广阔无边的上林苑，忍不住想起舅舅。数年间，舅舅已完成了大汉立朝以来对抗匈奴的最辉煌战绩。他永远不会忘记，他亲耳听到舅舅说："开疆拓土，沙场杀敌，乃至马革裹尸，不才是我大汉的铮铮男儿吗？！"

霍去病忘不了自己听到这些话时心中的激动。

这样的时刻，可以让他忘记自己内心深深的孤独。

自从他知道自己的身世，就一直被孤独包围着。他不知道该对谁倾诉。

霍去病在马队后面跟着，往事一幕幕涌上心头。

马邑之围

1

霍去病对于自己小时候最早的记忆，是在一所很气派的房子里。

母亲是卫少儿，父亲叫陈掌。

父母对他都极为宠爱，但父亲很少在家，母亲也经常出府。平时陪伴他的都是家里的仆人。

等到七八岁的时候，他开始明白了一些事情。

他很少看见父亲，因为父亲是朝廷官员，职位是"詹事"。因为这个职位，父亲不得不在宫中忙碌；也因为这个职位，父亲不得不经常在外接受同僚宴请。

母亲经常前往宫中，去陪伴姨母。霍去病偶尔也陪母亲入宫。姨母真漂亮啊，有很多人伺候她。姨母住的房子大得吓人。姨母无论走到哪里，都会有宫人向她弯腰行礼。姨母对自己特别好，有时还教他弹琴。

他慢慢知道，姨母是皇帝的妻子。他很好奇皇帝是什么样子。不过，他进宫看姨母的次数不多，所以，始终没见过皇帝。

他从不知道，在这个国家的边疆发生着什么，也不知道在北方始终有个巨大的阴影，笼罩在每个人的上空。

2

霍去病记得清清楚楚，那是元光二年（前133）六月的一天。

当日父亲回家甚早，难得一家人围在一起吃饭。霍去病非常高兴。

刚刚八岁的孩子，身高像是有十多岁了。府里很少有人还将他当孩子看待。霍去病天生神力，小小年纪，府内的每张硬弓他都可以拉开。

卫少儿发现丈夫神情与平日不太一样，便问今日朝廷是否出了什么事。

陈掌喝口酒，叹道："今日王恢大人入狱了！"

卫少儿不由一愣。

王恢是当朝大行令，掌管邦交和边陲部族事务。如此官高权重之人，究竟犯了何事？

她知丈夫与王恢交情深厚，心里顿感紧张。

陈掌说："夫人有所不知，王恢素来反对朝廷与匈奴和亲。的确也是，即便和亲，匈奴难道就不犯境生事了？就为这个，王恢屡次与御史大夫韩安国当廷争辩。"

卫少儿对朝廷之事兴趣不大，只是担心丈夫被牵扯进去，她说："自高祖皇帝以来，咱们不是一直就与匈奴和亲吗？我听妹妹说过，连高祖皇帝也吃过匈奴人的亏，和亲是几位先帝所用之法，王恢难道以为咱们现在有办法打败匈奴吗？"

陈掌答道："王恢不知在哪里认识一个叫聂壹的人，说他可以去引诱匈奴人前来马邑（今山西朔州），等匈奴人进入埋伏，就可将他们一举歼灭了。"

卫少儿还没回答，霍去病拍手说："好啊！这主意不错！孩儿也早听说匈奴人总是侵犯我们大汉边境，就应该把他们消灭才是！"

陈掌和卫少儿对视一眼，很是吃惊。

"后来呢？"霍去病着急知道结果。

陈掌叹口气，说道："后来啊，陛下觉得此法可行，果然命王恢为将屯将军，韩安国为护军将军，李广为骁骑将军，公孙贺为轻车将军，李息为材官将军，率军三十万埋伏在马邑山谷当中，要一举歼灭匈奴主力。"

"三十万！"霍去病惊叹一声说："那将是何等的气势啊？"

卫少儿也感觉内心怦怦直跳，说道："难不成他们反被匈奴打败了？"

陈掌将手中端了半天的酒一口喝干，说道："本来匈奴人已然中计。那聂壹斩了一个死囚，对匈奴谎称自己杀的是马邑令丞，要将城池献给匈奴。匈奴军臣单于亲自带领十万兵马前来。不料，就在他们距马邑尚有百里之时，军臣单于见沿途牲畜不少，却无人放牧，于是起了疑心。他先进攻雁门的边防小亭。雁门尉史正在此巡逻，被俘投降，供出了我方计划，军臣单于立刻引兵撤还，没有中计。"

霍去病突然站起身说道："爹爹，匈奴撤军了，王恢不是还有三十万大军吗？如果立刻下令追击的话，仍然可以打败匈奴人呀！"

听闻此言，陈掌十分惊诧，说道："去病，你小小年纪，怎么会有如此想法？"

霍去病嘴角一撇，说道："匈奴人撤军，本来就是害怕。如果这时候发起进攻，肯定可以打败他们。"

卫少儿看看儿子，然后继续问陈掌，"那王恢后来追击没有？"

陈掌摇摇头说："四位将军都没有追击，三十万大军长途设伏，一无所获地回来。陛下龙颜大怒，认为既然是去打仗，怎么可以临阵怯战。今日，当廷将王恢下狱。看情形，这次可是凶多吉少啊。"

霍去病说："要是陛下哪天派我带兵了，我

一定命令追击。不把匈奴人打败，我是决不会回来的。"

陈掌看看霍去病，又看看卫少儿，说道："夫人，去病虽然年少，却斗志惊人，说不定长大以后，真有带兵出战的一日。"

卫少儿看着儿子，也颇感惊异。

马邑之围功亏一篑，结束了汉匈之间已达五世的表面和平。军臣单于为报复汉朝的这次埋伏，调兵遣将，从以前的骚扰抢掠升级成了对大汉吏民的直接屠戮。

汉匈之间大规模战争的序幕就此拉开。

卫青崛起

1

那天以后，霍去病总会向父亲追问汉匈之间是否又发生了什么战事。

陈掌不明白一个未足十岁的孩子为何对战事有如此浓烈的兴趣。陈掌虽是曲逆侯陈平之后，却对祖辈们激荡的风云往事不感兴趣，战争之事他向来避而远之。

没想到，自己的继子霍去病居然对战事这么上心，而且眼光甚是独到。

而对霍去病来说，父亲并不能在兵学方面给予自己有益的指导，他自己便一头扎进书堆中。

霍去病喜读《左传》，那些古代名士、名将身上的智慧与大义，总能让他热血沸腾、豪气难平。他开始渴望着展翅高飞，做出一番事业。

2

元光六年（前129）五月的一天，此时距马邑之围已过去四年，霍去病十一岁了。

一天，陈掌回府后，三步并作两步，直入内室。正坐在内室的卫少儿见丈夫神态异常，不禁站起身来。

她还来不及说话，陈掌已冲到面前，一把将卫少儿手臂拉住，两眼放光地说道："夫人，大喜！大喜啊！"

卫少儿看丈夫这么兴奋，问道："什么事这么高兴？难道是你升官了？"

陈掌兴奋地说："车骑将军得胜还朝了！"

"啊？"卫少儿惊呼一声，说道："弟弟这么快就得胜还朝了？"她激动起来："快给我说说！"

"简直不可思议！"陈掌说道："车骑将军这一

次出征，竟然攻破了匈奴的祭天圣地龙城！"

卫少儿惊呼道："弟弟如此勇猛，竟然打到匈奴人的龙城去了？"

陈掌尚未回答，霍去病已从外面冲了进来，大喊道："听说舅舅打胜仗了？"

陈掌高兴地把儿子拉过来，说道："去病，你舅舅打了大胜仗！这可不是书上的那些故事，是实实在在的事情啊！"

霍去病激动得脸都红了。

卫青虽是舅舅，霍去病却从未见过。父母经常在府中谈论卫青，霍去病不知不觉知道了不少舅舅的信息。他知道，舅舅小时候是牧童，然后做了平阳公主的骑奴，后来又到了建章宫当侍卫，再后来又成为建章监。

霍去病脑海里无数次设想过舅舅在军营披甲持戈的样子，会是伍子胥的样子吗？会是孙武的样子吗？

此时霍去病太激动了，他问："母亲，我什么时候能见到舅舅啊？"

卫少儿微笑道："去病，其实你出生不久就见过舅舅。你两岁生日时，舅舅还给你削过一把木剑当礼物呢。"

"我小时候就见过舅舅了？"霍去病更加惊喜："那，舅舅给我削的木剑呢？"

卫少儿话一出口，就顿感后悔。那时她还和霍去病生父霍仲孺在一起，事情已经过去差不多十年了，她还记得清楚，霍仲孺与她分别时，因无法带走儿子，便带走了那把木剑。卫少儿对过去之事不想再提，便敷衍儿子道："那是你两岁时的玩具，现在哪里还找得到？"然后扭头问陈掌："陛下如何赏赐我弟弟的？"

陈掌说："陛下不仅出城亲迎，赏赐御酒，还当廷赐封车骑将军为关内侯！"

卫少儿惊喜万分，刚刚坐下，又不觉站起，说道："我弟弟封侯了？这简直，简直……"她简直不知如何表达心中的激动。

陈掌提议道："我们不如去看看关内侯……"

3

在霍去病的心中，舅舅卫青简直如天神一般威武。攻破匈奴龙城，那是多么大的战功啊！父亲说得不错，这不是书上的故事，是实实在在的事情。

霍去病再也按捺不住，转身一溜烟去了后院。

后院不大，中间有个高台，高台旁边是一个兵器架，上面插着各种兵器，架子旁靠着一张硬弓，弓旁数支长钩，钩上箭壶内装有整整四十支羽箭。

霍去病胸口起伏，被舅舅的功绩激动得难以自抑。是啊，那些古代的战事离自己多么遥远！他只感胸口热血不断上涌，简直要冲破胸腔。

霍去病张开硬弓，从箭壶中抽出羽箭，看着百步外的箭靶，嗖嗖射去。

这些箭都没有打中靶心。

霍去病心中难过，将弓箭直接摔在地上，他走上高台，看着远处箭靶，喃喃说道："我武艺这么差，如何才能追得上舅舅？"

他心情沮丧，蹲下身，对着地面狠狠一拳打下去。他恨不得马上长大，随舅舅驰骋沙场。

身世之谜

1

终于看见舅舅了。

这是霍去病终生难忘的时刻。

陈掌与卫少儿带他前往关内侯府。卫青在府外相迎。

陈掌心中惶恐，如今卫青乃武帝宠臣，高居侯位，怎能让他亲自出迎？

卫青却是经过了生死之战，感慨良多。自己亲人不多，看到姐姐一家，感到很亲近。

霍去病看着舅舅站在府前，长袍宽带，器宇轩昂，沉静中透出儒雅，一股崇拜之情不禁油然而起。

是的，面前之人是舅舅，更是他心目中的英雄！

卫青看见霍去病，走上两步，微笑道："去病都长这么高了！"

霍去病极为激动，脆声道："舅舅，你真的认识我？"

卫青笑道："你小时候我就抱过你，怎么会不认识？"又对陈掌和卫少儿说："快请进去。"

霍去病始终盯着舅舅，觉得卫青的一举一动、一言一语都有说不出的吸引力。

卫青见霍去病身体强健，更是发自内心地喜爱。霍去病见舅舅极为和善，胆子也大起来，走到卫青身边，说道："舅舅攻打龙城，是不是很危险？"

卫青轻声道："人在战场上，只想杀敌，不会考虑太多。"

霍去病说道："舅舅，我也想上战场打匈奴。"

卫青哈哈一笑说："你还小啊，等你长大再去打匈奴。"

陈掌见卫青和霍去病颇为投缘，便将儿子喜读兵书、喜练武艺之事逐一相告。卫青觉得霍去病大有前途。

　　霍去病忽然说道："舅舅，你教我武艺吧，以后我也可以随你上阵杀敌。"

　　卫少儿赶紧说道："去病，舅舅如今是朝廷重臣，平时很忙，你想学武，母亲请人来教。"

　　霍去病嘴一撇，说道："母亲，你请的人难道会比舅舅厉害？我就是想跟舅舅学武艺。"

　　陈掌也说道："去病别胡闹！"

　　卫青仔细端详霍去病，见他脸虽稚嫩，却有一股英气，心中更加喜爱。他望向陈掌和卫少儿，说道："去病年纪虽小，却是有志之人。要不这样，我在长安的时候，去病随时来我府邸，我亲自教他。"

　　陈掌和卫少儿一听，惊喜万分，没想到卫青竟然愿意亲自指导霍去病。卫少儿赶紧说："去病顽劣得很，会不会给弟弟添麻烦？"

　　卫青微微一笑，说道："为朝廷培养栋梁之才，怎么会是麻烦？"

霍去病已兴奋得不如如何是好，学着大人模样对卫青抱拳说道："徒儿拜见师傅！"

众人大笑。

2

那天以后，霍去病常来卫青府邸。

卫青没想到外甥对《左传》的熟悉程度，竟连自己也自愧弗如，而且，每当外甥谈起史书上那些战役，总是按捺不住满腔激情。

卫青难以想象一个十几岁的少年会有如此雄心壮志。

此外，霍去病的天生神力也让卫青惊讶。他刚开始听说霍去病能开硬弓，还以为是陈掌府上的寻常之弓，没想到霍去病竟然能拉开自己的硬弓，其他武器也能用得有模有样。卫青不由暗想，再过几年，外甥还真能成为大汉军营中的一员猛将。

卫青爱才心切，索性派人去陈掌府上，将霍去病接至自己府邸，以便每日亲加督促。陈掌与卫少儿自是大喜过望，霍去病也极为振奋，遂到舅舅府中住下。

有卫青亲自传授，霍去病的进步自然一日千里。

3

卫青有一位肝胆相照的知己，叫公孙敖。卫青尚在建章宫当侍卫时，就是时为骑郎的公孙敖听到窦太主想取卫青性命的消息后，赶紧带人过去，救下了卫青。

数月前，匈奴兵犯上谷（今河北怀来），卫青被加封为车骑将军，公孙敖为骑将军，二人和公孙贺、李广两位将军同时受命，兵分四路迎击匈奴。出兵之后，仅卫青一路直捣龙城，取得大汉主动进攻匈奴的首次胜利。公孙敖兵败，被判秋后问斩，幸亏卫青拿出万金，为其赎命。公孙敖被贬为庶人，卫青把他安置在侯府暂居。

此时距卫青直捣龙城仅过数月，匈奴再次犯境，偏偏卫青病倒。军中名将李广也因数月前那次战败被贬为庶人。武帝无奈之下命卫尉韩安国为材官将军，出戍渔阳。卫青担心韩安国难以取胜，虽重病在身，还是搬至军营居住，一边养病，一边准备随时领命出征。

临行前，卫青将霍去病托付给公孙敖。

公孙敖一身武艺，得卫青重托，自是对霍去病倾囊相授。

有一天，霍去病问公孙敖："公孙叔叔，你什么时候认识我舅舅的？"

"哈哈，很多年了，第一次遇见你舅舅时，我们就像你现在这么大。"

"那你们是怎么认识的？"

"这个就说来话长了。那还是十多年前，你还没出生呢。我在甘泉宫第一次见到你舅舅，那时他还是个牧童。我呢，是陛下做太子时的侍从。"

"舅舅为什么会去甘泉宫呢？"

"他陪一个邻居去。那天甘泉宫里有很多囚犯，有个囚犯过来给你舅舅看相，说他会日后封侯。你看，果然应验了。"

"我听我母亲说过，舅舅小时候是牧童。"

"是啊，是牧童，后来他到了平阳侯府。你还记得平阳侯府吗？我听你舅舅说过，你两岁前都是和你父母住在平阳侯府的。"

"我父母？公孙叔叔，你说的是我……亲生父亲吗？"

"你不知道？"

"我真的不知道。公孙叔叔，我亲生父亲是谁？"

"这个，这个……我也不知道，你母亲没告诉你？"

"没有，我一直就奇怪，我现在的父亲和我不是一个姓，我就猜到，他不是我的亲生父亲。公孙叔叔，你真的不认识我的亲生父亲？"

"我真的不认识，你舅舅认识，等你舅舅回来，你自己去问他吧。"

"我……亲生父亲在哪里呢？"

"这个我真的不知道，今天……我们都早点睡吧，夜里有点冷了。"

"公孙叔叔怕冷吗？"

"冷？哈哈，我死都不怕，怎么会怕冷？"

"那就别去休息，你再多给我说说。"

"你亲生父亲的事，我一点也不知道，只是听你舅舅说过。他和你父亲是认识的。"

"那我知道了，我……"

"去病，现在的父亲对你不是很好吗，你别难过了。"

"我没有难过，没有……"

霍去病转身慢步走向自己卧房。公孙敖颇为懊悔，不明白怎么会忽然说到霍去病亲生父亲这件事。

4

第二天，公孙敖早早来到后院练武场。

令他意外的是，霍去病早已在院内纵马奔驰。只见他马上开弓，射向箭靶，精神状态极好。

霍去病看见公孙敖，勒住缰绳，翻身下马，说道："公孙叔叔，这么早就起来了？"

公孙敖笑道："你起得更早啊。"他见霍去病脸上全无昨晚的心神不宁，眉宇间是一种脱胎换骨后的坚毅。公孙敖知道，霍去病不会再追问生父之事。

男人该如何面对世界？最重要的不是追究过去，而是如何直面未来。

此刻的霍去病，眼中散发的便是坚毅果决的光芒。这是要捕猎未来人生的目光，是长大成人的目光，是一个真正男人的目光。

幼鹰展翅

1

霍去病到舅舅府上的第二年，即元朔元年（前128），卫青第二次奉旨率部迎击匈奴，兵出雁门。这一次，卫青再次展现了无与伦比的军事天赋，与匈奴甫一交手，便斩下千余首级，大胜回朝。

朝堂上下，对卫青尽皆称颂。

公孙敖也将消息告知霍去病。

霍去病听完公孙敖的讲述，并未十分激动，而是问了一句："我舅舅此次率军多少？"

"三万精锐骑兵。"公孙敖回答。

"三万骑兵，只杀敌一千，我觉得舅舅还可以多杀十倍匈奴！"

公孙敖闻言，不禁震惊，说道："去病，你不知道匈奴的骑兵有多厉害。你舅舅能将匈奴击败，已经是前无古人的战绩了。你知道当年秦始皇手下的大将蒙恬吗？蒙恬当年威震边关，匈奴也不敢南侵"。

霍去病答道："我自然知道，他奉命率三十万大军北击匈奴，最后只能在黄河以南设县。如果我是蒙恬，手下有三十万大军的话，我会将匈奴杀得片甲不留！"

公孙敖与霍去病相处得久了，倒是听惯了他的惊人之语，此刻不惊反笑，说道："等你和匈奴人真正交锋的那一天，你才会知道对方有多强悍。"

霍去病听出公孙敖不相信自己，郑重说道："当年勾践裹甲征吴，西楚霸王破釜沉舟，那时他们手下有多少兵士？对方又是多少兵士？"

公孙敖讶然说道："去病，那可是历史上以少胜多的罕见战役啊。"

"我知道罕见，"霍去病说道，"可毕竟有人做到了。以后我也一样能做到，甚至超越他们。"

公孙敖凝视霍去病片刻，忽然笑起来说："去病，你有大志，公孙叔叔真是喜欢，怪不得你舅舅也那么喜欢你。"

霍去病笑了起来，说道："公孙叔叔，其实你说的我都知道，除了舅舅，也没有人值得我崇拜。"他刚说完这句话，忽觉不妥，脸上涨红了，又补充一句："我也喜欢公孙叔叔。"

喜欢毕竟不是崇拜。公孙敖哈哈大笑，说道："去病，公孙叔叔只打过败仗，还能被你喜欢，对我来说已经很满足了。"

霍去病不好意思地笑笑，说道："今天我们继续比箭，昨天输了三箭，今天我要赢回来。"

2

对卫氏一门的所有人来说，元朔元年是极为重要的一年。

卫青第二次击败匈奴尚在其次，更重要的是，卫子夫终于诞下了整个国家翘首以盼的皇长子。

武帝十六岁登基，迄今已过去十三年。不论对武帝还是对整个国家，天子是否有继承者，是比战胜匈奴更为重要的大事。帝祚绵延、顺承有序，才能缓解天下子民的焦虑。

天下狂欢之际，武帝为皇长子取名刘据，册封卫子夫为皇后，大赦天下。

官封车骑将军的关内侯卫青两败匈奴，已深得武帝之宠，其姊卫子夫诞下皇长子，登上皇后宝座。卫氏一门，在短时间内登上他人毕生也难以抵达的权力高峰。

就连年少的霍去病，也有了皇长子表兄的耀眼身份。

卫青的府邸开始人头攒动，朝廷大员络绎不绝地拜见关内侯，也顺便奉承霍去病。

卫青不适应这样的恭维，尚未成年的霍去病更不适应。后来，只要有客登门，霍去病便与公孙敖至后院练武。

3

总在府中练艺，不足以开阔视野，卫青和公孙敖开始带些侍从，与霍去病前往长安外的少华山、太白山、骊山、终南山等地练习翻山越岭、野外求生的技能。

群山连绵，江山多娇，霍去病登高望远，心中起伏。是的，眼前所见，便是绵亘不绝的大汉江山。将来他也要像舅舅一样，保卫大汉江山，不许匈奴人侵入。他下定决心，有朝一日，自己一定要像舅舅那样名扬天下。

卫青此时已告知霍去病其身世。他的生父叫霍仲孺，和卫少儿是在平阳相识，那时卫青和卫子夫也还在平阳侯府当骑奴和歌女，他们姐弟仨还经常见面。卫青记得非常清楚，霍仲孺离开卫少儿母子时，霍去病刚过完两岁生日。正是那一年，卫子夫入宫，卫青也前往建章宫当差。

霍去病也不再为此事纠结，他的天地已经广阔许多。他不仅喜爱操练兵事，对野外求生也表现出极大热情。他们在野外训练时把军士分为两组，后又逐渐增加军士，每次分为数组布阵时，霍去病都会认真思考自己应如何指挥，飞快地从这些小小实习战中领悟兵法之道。

眼见霍去病进步飞速，卫青心中喜悦，不时给予鼓励。

4

很快，一年时间过去了。卫青知道，若再拘泥于府邸和这几处山峦，外甥的本领很难再更进一步了。

下一步该如何安排？让外甥随军吗？他还太小了。尤其是，霍去病天赋虽异于常人，但若将他带往军中，难免会有人以为他徇私提拔亲属。

他忽然想起了建章宫。

那里的期门军是当今皇上刘彻一手亲建，是真正行军布阵的练习之所，也是真正的锤炼勇士之处。

卫青迅速做出了决定。

是年，正逢卫青击败匈奴白羊王与楼烦王，收复河朔，被加封为长平侯，皇上诏令设朔方、五原二郡，命苏建修朔方城，徙民十万。

卫青已预料到，匈奴不甘失败，必骚扰朔方，培养新生将领已迫在眉睫。

再者，公孙敖两年前兵败，贬为庶人，卫青也盼他能东山再起，唯一的可能便是待来日大战，重立军功，自能再得武帝欢心。

想到这里，卫青决定将公孙敖与霍去病都带往建章宫。

听到这样的安排，公孙敖和霍去病都很高兴。公孙敖早盼能得再起之机，霍去病则渴望另一片更开阔的天空。

没有哪只幼鹰，不渴望展开翅膀迎风翱翔。

尤其，建章宫是舅舅的起步之地，舅舅走过的每一个地方，无不令霍去病心驰神往。

更令他激动的是，舅舅带他到建章宫前就答应他，待他年满十八，便带他上阵杀敌。

5

武帝对骑兵的经营极为重视。自高祖以来，从未有哪位先帝战胜过匈奴，核心原因便是汉朝骑兵不强。大汉立国之初的窘境，还让人记忆犹新，马匹的缺少竟使贵为天子的刘邦也找不出四匹颜色相同的马，连韩信、萧何这样的将相坐车也只能以牛代马拉车。如今汉朝已历数代，国势大增，但骑兵仍然缺乏。是故，武帝很是下了一番心血。

到建章宫后，霍去病和公孙敖都有如鱼得水之感。二人箭法、骑术俱是惊人。期门军人都知公孙敖骑郎出身，若不是兵败代郡，恐怕已登侯位。他虽吃过败仗，但毕竟是与匈奴面对面交锋之人，无人敢轻看。倒是霍去病，虽人高马大，但终究是少年。初至期门军时，很多人以为他不过是倚仗舅舅权势而来。不料，短短几天，霍去病的精湛骑术及箭法便令所有人刮目相看。

没有哪处障碍，能阻拦霍去病胯下的马匹；整壶羽箭，箭箭中的。

建章宫的每一项训练都极为严格。这里的环境

短短几天，霍去病的精湛骑术及箭法便令所有人刮目相看。

和卫青府邸大不相同。在卫青府邸，只有他和公孙敖两人，一传一学，即便在山中，人数终究有限。此刻是数百人同时出马，霍去病的激情被宏大的场面唤起，他不仅在各种攻防演练中游刃有余，在手搏训练中，更是全军翘楚。

没有人再质疑他的年龄，只记得他的勇猛、天分与刻苦。

6

很快，关于霍去病的消息传到刘彻耳中。刚听到时，刘彻不禁哑然失笑。在他看来，一个十来岁的少年如何能在自己精挑细选的六郡军士中首屈一指？应是那些军士不过因为霍去病乃长平侯外甥而有所退让。念头一起，武帝又顿觉不对。这支他亲建的军队都是年轻热血奋进之人，不可能出现退让之事，出自建章宫的卫青就是他们活生生的榜样。

终于有一天，心怀好奇的武帝亲来建章宫视察。

他真的没有失望。霍去病的非凡英姿、出类拔萃的武艺使武帝当即擢升他为骑郎。所谓骑郎，便是平时在宫中充当轮流值班的护卫，当皇帝出行时，则充任御辇旁的车骑侍从。官职不大，身份却极为显赫。

大汉王朝最为辉煌耀眼的将星，即将冉冉升起。

年岁之约

1

　　有时候，霍去病也会入宫。他发现，未央宫不比建章宫，这里每一位护卫都恪守宫规，哪里都不敢乱走。

　　卫子夫平时将后宫管理得井井有条，却并不太约束霍去病，允他时常走动。

　　其他护卫见状，极为吃惊。但武帝着实喜爱霍去病，也对他颇为放任。在武帝心中，甚至想到等太子刘据稍大点，可随霍去病习武。

　　此时刘据已经两岁，越来越招人喜欢，霍去病便一招一式地引他学武。

卫子夫和侍女在旁观看，都不禁微笑。

在激流暗涌的深宫之中，这是卫子夫最为享受的时刻。

2

元朔三年（前126）的一个夏日，霍去病正在逗刘据玩耍，忽听"陛下驾到"，他们当即走到门外迎接。

只见武帝和几个近侍一路走来。

卫子夫和霍去病即刻行礼请安。

看皇上面带微笑，卫子夫问："看陛下眉宇，是不是今天又有喜事？"

武帝哈哈一笑，说道："皇后果然好眼力！"

刘据见到父亲，也张开双手，跌跌撞撞地走来。

武帝弯腰将儿子抱在怀里，春风满面地说道："据儿有没有想父皇啊？"

卫子夫在旁笑道："据儿每日都想父皇啊。"

武帝抱着儿子，看着卫子夫微笑道："今日朕心甚喜，出使西域的张骞归朝了！"

卫子夫惊讶地说道："他还是在臣妾入宫之年出使西域的，这屈指一算，已过去十三年了，竟今日归来了？"

武帝点头说道："不错，十三年前，朕命张骞前往大月氏，却于往返途中，两度被匈奴扣留。这次若不是军臣单于亡故，匈奴中发生夺位之争，张骞恐怕还回不来呢。"说到这里，武帝脸上笑意消失，眉头微皱，似是想起这十三年之间，终是忧多于喜。十三年过去，匈奴仍然未灭，尤其张骞出发之时，带一百多人随行，归来时只剩他和堂邑父二人，不禁又心头沉重。

霍去病忽然说道："陛下，匈奴胆敢扣留大汉使臣，岂能轻饶？"

武帝回头看了眼霍去病，缓缓道："朕也不想轻饶他们，只是……"

霍去病慨然说道："陛下派出大汉骑兵，把单于拿下，不就报仇了吗？"

武帝失笑道："去病，你说得太容易了！匈奴一直是我大汉之患，朕没有一日不想荡平北方。可用兵之道，不在一勇，而在良谋。"

霍去病不加思索，即刻答道："陛下圣明。依臣之见，有勇无谋，固然不可，可有谋无勇，也是难成。"

武帝闻言，不由一怔，觉得眼前这少年还真有自己的想法。

他微微点头，说道："朕知你武艺超群，勇是勇了，可朕还是劝你多读兵书。用兵之人，岂可不明兵法？"他拍拍霍去病的肩头，说："长平侯便是熟读兵法，才能取得对匈奴的连番胜利啊。"

霍去病微微一笑，拱手说道："陛下明鉴，长平侯用兵如神，确与熟读兵书有很大关系，可当年赵括何尝不是将兵法倒背如流？最后却只落得空口谈兵，长平一战，被白起坑杀四十万锐卒，赵国从此一蹶不振。臣以为，两军交战，固然要熟兵法，可战场万变，相机而动才是上上之策，大可不必拘泥于兵书所言。"

听闻此言，不仅武帝吃了一惊，连卫子夫在旁也脸露诧色。

难以想象，一个十四岁的少年居然能说出这样一番话来。

武帝哈哈大笑，对霍去病说道："去病，朕还真是没看错你！就冲你刚才这番话，朕加封你为侍中！以后日日上朝，与闻朝政，不必守在宫室了。"

霍去病大喜，单膝跪地，说道："谢陛下！"

卫子夫也惊喜异常，向皇上行礼致谢。

刘据不明大家为何如此兴奋，他看看卫子夫，又看看武帝，摇摇晃晃，终于还是走向霍去病。

武帝见霍去病抱起刘据，脸上笑容犹稚，心想待据儿日后登上大位，霍去病还真能成为据儿可倚仗的将领。不过，还是得让霍去病先到战场上磨练一番。

3

时光匆匆，转眼到了元朔五年（前124）春天，匈奴右贤王时时侵扰朔方郡的消息不断传来。武帝极为震怒。自卫青三年前收复河朔，武帝便接受主父偃奏请，在北方增朔方和五原二郡。此举令新登单于之位的伊稚斜食不下咽，在其严令之下，匈奴右贤王兵入河朔，企图一举夺回失地。

此时的大汉王朝，除了卫青，已无人能得武帝信任，当下命卫青率三万精骑，出高阙迎战右贤王。

霍去病极想随军出征。武帝说道："你到宫中之时，不是对朕说过，长平侯已答应你年满十八后随军吗。你如今刚刚十七岁，再等一年吧。明年若匈奴再犯，不必长平侯多说，朕会亲自颁旨，命你出征！"

霍去病闻言，极为郁闷，恨不得现在就到十八岁。但确实有言在先，也只能眼睁睁看着公孙敖被卫青重新任用，充任中将军随军。

站在城楼上，看着舅舅率大军出发，绣有"汉"与"卫"字的大旗迎风劲舞，霍去病只觉心头怏怏，直到如长蛇一般蜿蜒的军队再也看不见了，才闷闷不乐地走下阶梯。

汉武帝内心清楚，此次出征，对国家来说将是极为凶险的一战。当初增设朔方郡时，帝国徙民十万，付出财力物力不计其数。以公孙弘为首的大臣上奏反对，他们认为，河朔远离中原，实乃"无用之地"，不值得为它"罢弊中国"。更何况，如果匈奴发兵夺回，十万民众无疑将成为殉葬品。

然而对武帝来说，设郡乃是为了牢牢掌控河套之地，连番征战，对国家财力是空前考验，其中风险，自己又如何不知？是以卫青出征之后，武帝遂去上林苑打猎，暂避群臣，也稳定一下自己的心神。战争本来就是流血的政治。武帝希望所系，便是卫青再获大胜。匈奴右贤王部素以兵强马壮闻名，卫青率领三万大军出征，已是现在朝廷所能派出的全部军力了，所以更不能失败，否则不仅反守为攻无望，连日后的防御也难以为继。总之，这是只能胜不能败的关键一战。

对于霍去病，武帝看在眼里，其与生俱来的勇猛恰好与卫青形成完美无缺的互补。但不到最佳时机，还不能让他释放能量。

4

武帝自上林苑回朝后，不多日便捷报传来。卫青率部出塞后，奔袭近七百里，夜围右贤王。右贤王措手不及，只带得亲信数百人溃围而逃。卫青生擒匈奴裨王十余人，俘虏一万五千名匈奴精锐。至于各种畜类，竟达百万之多。

卫青不但解除了武帝之忧，更取得大汉迄今为止最辉煌的一场大捷。

武帝欣喜之下，派使者携大将军印前往卫青营帐，于军中拜卫青为大将军，掌天下兵马，甚至连卫青三个幼小的孩子也赐地封侯。其麾下战将，竟有十人被授侯位，公孙敖也一雪前耻，被封为合骑侯。

卫青奏凯还朝时，武帝当廷下旨，公卿以下官员全部在大将军马前行拜谒之礼，武帝也亲赐御酒三杯。卫青声望达至巅峰，普天之下，无人不争相以亲见大将军丰仪为荣。

霍去病激动得难以入眠，当夜进宫，求见天子。

武帝有点惊讶霍去病深夜求见。霍去病走到武帝身边，单膝一跪，抱拳说道："微臣恳请陛下，不要忘了年岁之约。"

武帝初时一愣，旋即哈哈一笑，说道："君无戏言，朕怎么会忘记？"

5

在霍去病的煎熬等待中，终于盼来了第二年的春天。卫青于二月再次受命，兵出定襄，北抗匈奴。霍去病再也按捺不住了。卫青刚刚接旨，霍去病便出班奏道："陛下，微臣恳请此次随大将军出征！"

武帝不动声色地看了霍去病一眼，缓缓说道："你为何忘记自己的年龄？"

霍去病满脸着急，拱手说道："陛下明鉴，微臣于陛下登基之年出生，如今元朔六年，正好十八岁，陛下和大将军都曾答应我，年至十八，便可出征了！"

卫青还未说话，便听武帝微笑说："朕早已知晓，你生于三月，尚有一月才满十八。"

霍去病脸都涨红了，大声说道："陛下已经答应我，年到十八，便可出征，陛下岂能出尔反

霍去病出班奏道："陛下，微臣恳请此次随大将军出征！"

尔？"

　　此言一出，群臣颜色俱变。朝堂之上，何时出现过对天子的责言？卫青也暗自吃惊，一时竟不知如何开口，抬头一看，却见武帝面带微笑，说："朕说过的话，句句记得。朕所言，是待你年满十八岁，不是年到十八岁，待一月之后，朕将如你所愿。"他转眼看向卫青，说道："大将军，朕命你明日出征，静待你的凯旋之音！"

　　卫青抱拳："臣领旨！"

获胜封侯

1

元朔六年（前123）二月，卫青再次出征，又以斩获数千匈奴首级之功，完胜还朝。

霍去病一边对舅舅的崇敬之心更甚，一边摩拳擦掌，等待属于自己的机会。

机会到来之快，连霍去病自己都没想到。

四月，连吃败仗的伊稚斜单于不甘祖父冒顿单于灭东胡、逐月氏、取河套、困高祖、辱吕后的威风在自己手上消失殆尽，急于挽回颓势，竟又一次悍然出兵，入侵汉境。

急报传来，受命率军的自然是大将军卫青。

这一次，不待卫青与霍去病开口，武帝当廷封刚满十八岁的霍去病为嫖姚校尉，随军出征。令群臣意外的是，尚无实战经验的霍去病，不仅是随军，武帝还命卫青拨八百轻骑交其指挥。

对霍去病来说，心中十分清楚，若无天子亲自颁旨，他只能是普通军士。所以，他非旗开得胜不可，否则日后只会令人轻看。

数万汉骑在校场整装待发。他们的马匹在军旗下站立，蹄蹬尾扫。

嫖姚校尉霍去病顶盔贯甲，罩袍束带，披风佩剑，英气勃勃地大踏步跟在卫青等人身后，脸上写满了青春、渴望、信心、激情。

北逐匈奴，边关望月，是他长久的梦，如今梦想即将成真。

2

两个月前出征北地，卫青麾下有六位将军辅佐，分别是中将军公孙敖、左将军公孙贺、右将军苏建、前将军赵信、后将军李广及强弩将军李沮。

此次出征，仍是这六人为帐前大将。

出征前，卫青问霍去病需要哪位将军辅佐。霍去病心知，这六员大将均战功赫赫、资历颇深，自己虽被任命为嫖姚校尉，然而临到战场，难免要服从这些从军时间远长于自己的前辈。然而霍去病心中的行军旨要为"随机应变"，有人管辖多有不便，于是慨然答道："末将只需八百轻骑，无须其他将领。"

卫青突然产生一种强烈的预感，霍去病的确不需要他人指引。连武帝也信任霍去病，自己有什么理由不信任？当下点头同意。

大军逶迤，风吹旗展。

没想到，大军刚出定襄，霍去病又即请命卫青，让自己率所部八百骑先行，自觅战机。卫青闻言一愣，那六位将军也是惊讶不已。区区八百骑，若是远离大部，会不会遭遇当年高祖的命运？天下无人不知，高祖七年（前200）冬天，刘邦亲率三十二万大军出晋阳迎击匈奴，便是因骑兵行进过快，主力步兵未能跟上，被冒顿单于围困平城白登山达七日七夜，几乎葬送了刚刚打下的大汉江山。

如今霍去病竟然只带八百骑先行，难道他不知什么是前车之鉴吗？

卫青略一沉思，对霍去病点头说道："战事凶险，多加小心！"

霍去病慨然应允，纵马远去。八百骑马蹄激起滚滚烟尘，遮住了北方天空。

3

远离大军，霍去病只觉天高地阔。苍凉无尽的茫茫旷野，风云激烈的万里长空，不正是每一只雄鹰的展翅之所吗？

霍去病率部四处觅敌。这日狂奔百里之后，霍去病勒住战马，命部队停下。

八百健儿齐齐勒马，望向霍去病。

霍去病勒转马头，大声说道："我已请命大将军，自行觅机杀敌。前面乃阴山东麓，依我所料，东麓之后，必是匈奴驻扎之地，我们首次出征，必得让匈奴知我大汉之威！我们今日便绕过山麓，直入阴山，一个匈奴士兵也不要放过！诸将士俱听我令！”

八百骑兵山呼海啸般齐声回答："诺！”

霍去病一勒缰绳，再转马头，手中长剑前指，厉声喝道："随我来！"话音未落，胯下青骢马四蹄已开。霍去病一马当先，身后的八百骑同时催马，一股滚滚烟尘，直向阴山东麓席卷而去。

果如霍去病所料。那里正有一支集结的匈奴武装，其首领是伊稚斜单于的叔父罗姑比。

此次伊稚斜侵汉，兵分数路，交给叔父罗姑比的，是一支能征惯战的千人精锐。伊稚斜知武帝必遣卫青迎战。匈奴人几次败在卫青手下，早已不敢轻忽，是以伊稚斜将这支千人精锐交到自己最信得过的叔父之手，打算作为增援力量。

罗姑比自恃自己远离前线，极是安全，所以只派出斥候，侦察卫青主力何往。他今日得到的情报是卫青尚有两百多里之遥，遂放松警惕，大部分人马都在营中休息。

陡然间，惊天动地的呐喊声传来，罗姑比十分震惊，正欲派人打探，营门已被攻破。

罗姑比猝不及防，部下虽是精锐，却因突袭而全军混乱。霍去病带八百轻骑闯入大营，如虎入羊群，大量匈奴人来不及上马，便被汉骑挥刀取命。

霍去病兵分两路，将匈奴部众分割猎杀，自己纵马扑向中军大帐。

罗姑比没料到汉军竟如闪电般杀到，惊骇中刚刚翻身上马，便听得耳边一声大喝："哪里走?！"接着便被霍去病生擒活捉！

主将被擒，匈奴全军混乱，霍去病的八百轻骑人人骁勇，片刻工夫，竟将罗姑比这支千人精锐全部剿灭。霍去病勒马对散逃的匈奴败军扬声喝道："今日饶过尔等，回去告诉你们单于，我乃大汉霍去病！"

随后，霍去病从罗姑比口中得知，匈奴的籍若侯在距此处两百里外驻扎。籍若侯名为产，是伊稚斜单于祖父辈的人物，在匈奴中威望颇高。霍去病即刻下令，八百骑征甲不卸，再驰两百里突袭。

八百轻骑已被胜利激发得壮志凌云，他们再次势如狂飙，朝两百里外奔去。

籍若侯也未料到汉军如此迅疾，待他看见前方烟尘滚滚时，马蹄声已是骤如奔雷。籍若侯判断不出来军是罗姑比部下还是汉军，只能催马迎上，只见前面烟尘中已闪出一员铁甲红袍的少年汉将，在他身后战旗飞扬，上面写着威风凛凛的"霍"字。

籍若侯刚想迎敌，只见对方长剑如电，耳边刚响起一声"下马"的喝叱，一低头看到长剑刺进自己胸口，随即翻身落马。

主帅瞬间阵亡，匈奴人阵势大乱。霍去病率领的八百轻骑又以风卷残云之势，快速击溃了这支千余人的匈奴部众。

一日两战，霍去病统计战果，杀敌竟有二千零二十八人。包括罗姑比在内，俘虏的尚有匈奴相国与当户。霍去病命手下将阵斩的匈奴人头挂于每人马侧，自己手提籍若侯首级，傲然说道："回大将军处！"

此时正值黄昏，草原之上，只有狂风与战马长嘶。

听闻两支精锐折损，伊稚斜再也无心恋战。他虽击败汉军苏建与赵信联合的三千骑兵，逼使赵信投降，但自己的损失之大仍超出预期，他下令收军返回王庭。

籍若侯刚想迎敌，只见对方长剑如电，一低头看到长剑刺
进自己胸口，随即翻身落马。

汉军又一次凯旋。此次胜利的光芒，尽在霍去病身上闪耀。

4

看着殿前站立的卫青与霍去病，武帝掩饰不住内心喜悦。

是的，他从未怀疑霍去病的才华，但他创下的功绩，仍是超出期待，如何不令人惊喜？

武帝心中清楚，从元光六年至今，卫青在七年间六击匈奴，每战皆胜，实为大汉立朝以来仅见的对匈战绩，也让天下臣民有了一种卫青出兵必胜的信念。卫青的战术是以多击少，围歼击破；今日霍去病以八百之众，竟斩首匈奴两千有余。卫青此次斩敌万人，却终究占了兵力优势，而且其中包括三千精骑覆灭和赵信投降。

此消彼长，衬托得霍去病更加神威。

武帝论功行赏，卫青一路，军功不多，其部下只有斩首匈奴两千的上谷太守郝贤被封为众利侯。

作为全军主帅，卫青功过相抵，不予加封，只赐千金为赏。

如何赐封霍去病呢?

武帝手按御案,沉思良久,然后决定封他为"冠军侯"。

武帝从龙椅上站起,扫视群臣,目光威严地说道:"大将军卫青,冠军侯霍去病,实乃我大汉帝国双璧!荡平匈奴,本朝指日可待!"

马踏焉支

1

汉朝虽在与匈奴的交战中有了几次胜利，但终究还是不能根除北方边患。武帝深知，七年征伐，文、景二帝留下的庞大财力几乎竭尽，大汉已无力主动北征。此次霍去病以疾风扫落叶之势连败匈奴，并不意味着汉朝就获得了战争主动权。

祸福相倚。匈奴一方，伊稚斜单于接受了此战中投降的赵信的提议，引军北往，不再以入侵为手段，而是想引诱汉军深入腹地，以伏击来消灭汉军主力。

卫青七年六胜，已令匈奴畏惧；霍去病一日两捷，更令胡人胆寒。

大汉国力损耗，匈奴也是精疲力尽。双方都急需养精蓄锐，于是暂时息兵罢战。

第二年，即元狩元年（前122）四月，武帝颁下圣旨，立七岁的皇长子刘据为太子，大赦天下，普天同庆。不料，仅过一个月，匈奴竟又派出万人入上谷，杀吏民数百。武帝颇感意外，因他得到的密报是伊稚斜养兵漠北，眼下居然又突击侵境，还来不及命卫青出征，匈奴人已然退去。

"大将军以为匈奴此次为何退军如此之快？"在御前军事会议上，武帝直接问卫青。

卫青答道："依臣所见，匈奴连年败绩，此次见陛下立太子，以为防守松懈，前来试探而已。伊稚斜如今军藏漠北，想诱我深入，然后包围歼灭，陛下不可不察。"

"大将军，"霍去病有点急不可耐，说道："不管匈奴是否有意引诱，我想请命北击，让匈奴再尝我大汉军威。"

卫青微笑道："冠军侯切勿着急，打仗既拼勇敢，也拼国力。"他又转向武帝说道："臣以为，我大汉宜休兵一年，待明年兵精粮足，我们便可主动北上，再破匈奴！"

霍去病见舅舅如此一说，才觉自己考虑得确实不够周详。

武帝低头打量摊在御桌上的地形图，伸手指点住阴山，又慢慢移到河西走廊上的焉支山脉停住，凝视片刻后缓缓点头，说道："大将军言之有理。"他又看向霍去病，说道："冠军侯勇武超群，可国力不允，就且休息一年。朕准大将军所奏，一年为期，蓄养国力。朕不想把匈奴之患留给据儿。"

他背手来回踱步，抬头喃喃说道："一年，一年……"忽又站住，凝视面前的卫青和霍去病，朗声说道："大将军听旨！朕命你以一年之期，潜心操练士卒！冠军侯听旨！朕命你一年以内，不可再提北征之事！群臣也禁议北征。一年之后，朕将兵发焉支山，以绝匈奴西遁通道。匈奴之患，朕已不可再忍！"

"臣遵旨！"卫青与霍去病齐声答道。

2

伊稚斜五月兵袭上谷，果然只是试探。上谷太守是一年前被赐封为众利侯的郝贤，他知道自己兵力不足，不能主动出击，但防守却是绰绰有余。伊稚斜也未全力攻打，见郝贤防守得法，回去后传赵信来询。

赵信原本是匈奴小王，后战败降汉，上次出师与苏建合军遇上匈奴主力，兵败后再次归于匈奴，他对倒戈投降并无内疚，尤其被伊稚斜封为自次王后，更是感恩戴德。

倚仗自己对汉朝军事的了解，赵信对伊稚斜分析道："刘彻和我们打了七年有余，他哪还有那么多兵饷？汉军防守有些门道，我们强攻得不到什么好处，不如屯兵漠北，蓄养兵力。"

伊稚斜闻言颇为不悦，说道："那依你之见，我们对汉朝就此罢手不成？"

赵信赶紧解释："不是罢手，汉军不来，我们也正可好好整顿。卫青用兵厉害，我们不必再试探，现在汉朝依城据守，我方在此强攻也是损失颇大。所以，依臣之见，还是明年想法诱汉军深入，一战打掉卫青的威风，汉朝也就无人可派了。"

伊稚斜皱眉说道："现在刘彻手上不是还有李广？那个霍去病也不可轻视。"

赵信哈哈一笑，说道："单于休虑，李广不过一勇之夫，七年前在雁门外被生擒，若不是老单于要留下活口，这世上哪还有什么李广？他若再来，必再被擒。"

伊稚斜缓缓点头，说道："那霍去病呢？"

赵信不屑地说道："霍去病不过仗着自己舅舅卫青是大将军，得以封为校尉，其实不过是一黄毛小儿，去年侥幸赢了两战，刘彻竟然昏了头，封他为冠军侯。这冠军侯一封，对我们倒是大有好处。"

伊稚斜手一挥，说道："封为冠军侯是刘彻的事，对我们会有什么好处？"

赵信嘴角浮笑，说道："一旦我们击败霍去病，汉军就会发现，他们的冠军也不过如此。这不正好是对汉军心理的重大打击吗？"

伊稚斜闻言，不禁哈哈大笑，说道："自次王所言果然有理。那我们就先归漠北，待明年将汉军诱入。我若生擒卫青、霍去病，非五马分尸，替我叔父和籍若侯报仇不可！"

赵信颇有把握地说："臣在长安，还有心腹，随时会有消息过来。我们只要能随时掌握汉军动态，何愁不能生擒卫青与霍去病？"

伊稚斜看着赵信，忽然仰头大笑，得意非凡，说道："自次王果然是上天派来助我灭汉之人啊！"

3

元狩二年（前121）春天来临之际，赵信在长安的心腹果然传来密报，刘彻调兵遣将，意图主动北征，但大将军卫青卧床不起，无法统军挂帅，然而集中的兵力却并未解散。

赵信闻报，立刻报与伊稚斜。

伊稚斜哈哈大笑，说道："卫青病倒，我看大汉已无人可派，不如我们统军南下？"

赵信摇了摇头，说道："没这个必要，我们目前虽然休养了一年，但军力还需继续蓄养。刘彻既有北征之意，且军力未散，足见汉朝并未取消原计划。若刘彻改派他人，我们正好可诱汉军深入，一鼓而歼。汉军主力既失，就算卫青再会用兵，也是无计可施了！"

伊稚斜听罢，点头说道："自次王可再派人打探，看汉军有何动静。"

赵信答道："臣即刻派人打探刘彻下一步如何行动。我们不妨先行设伏，等汉军过来。"

伊稚斜说："草原广大，依自次王之见，该在何处设伏？"

赵信摊开地形图，手指黄河东北，说道："卫青最熟悉之途，莫过于从定襄出击，我们不妨将埋伏圈设在定襄北面的阴山之后。卫青病重，无法带军，我推测接替他的，不外乎李广、公孙敖、公孙贺之流。他们若是出兵，也必选定襄为出关之地。

伊稚斜缓缓点头，说道："好！就依自次王之见，立刻传令，集中兵力，往阴山设伏！"

4

此前，在刘彻眼中，除卫青之外，最受器重的便是李广、公孙敖、公孙贺等人，但此刻，他手上已多了一个脱颖而出的冠军侯霍去病。

诏令颁下，年仅二十岁的霍去病为全军主帅，北击匈奴。

这实在出乎伊稚斜的预料，大汉群臣也没料到，在他们眼里，霍去病实在是太年轻了。

二十岁，能够担起全军的统领之责吗？

但他们都忽略了，从卫青开始，武帝用人，便惯于剑走偏锋，出其不意。

霍去病记得清清楚楚，一年前，武帝在御前军事会上，有过"兵发焉支山"之言。

这一年，他一直在深研兵法，慢慢领会到武帝兵发焉支山之深意，乃是为打通西域，压缩匈奴的空间，使其陷入首尾难顾的战略态势。

第一次为全军之首，霍去病豪情勃发。他放出风声，称此次将兵出定襄，然而在率部离开长安之后，他果断下令，全军加速直奔陇西。

刚出陇西，霍去病第二道军令又来，留下辎重，万骑汉军全部轻装上阵，目标锁定为匈奴左腹深处的焉支山。

兵贵神速。怎样闪电突袭，是霍去病日日夜夜反复思考的问题。

军情一目了然，焉支山前，乃匈奴折兰王与卢胡王的所在，山后，是重兵在握的浑邪王与休屠（chú）王。

焉支山坐落在河西走廊的峰腰地带，自古便有"甘凉咽喉"之称，距长安两千多里。

霍去病已经预感到，这将是一场长途奔袭的战役。

不仅是闪击战，更是大规模的迂回运动战，若非不世出的天才，绝对无法将二者结合。

霍去病下达军令，出陇西的万骑势若狂风，直扑焉支山。

当匈奴折兰王与卢胡王闻得汉军袭来的消息时，霍去病兵锋已越过了乌鳖（lì）山，击溃了匈奴遬濮（sù pú）部，并渡过了狐奴河，以迅雷不及掩耳之势，穿过了匈奴五个王国，一路势如破竹，希望能捕获单于之子。

深入敌后腹地，霍去病并不减速休整，一直越过焉支山千余里，迎战驻扎在皋兰山下的折兰王与卢胡王。

二王手下将士早被霍去病势如破竹的气势惊骇得军心大乱。当汉军万骑激起的风沙狂舞而来，以强悍著称的匈奴人竟然连握刀的手都控制不住地颤抖。

折兰王与卢胡王合军虽达数万，却在彼此的眼神中，看到了相同的胆怯。

但霍去病大军的马蹄已不容许他们退却。

与匈奴交手以来，汉军从未像现在这样信心百倍，奋不顾身。主帅的勇气，激励着每一个将士。

汉军如猛虎般切入敌阵中，与匈奴战士短兵相接。匈奴人斗志不高，逐渐处于劣势。折兰王与卢胡王有意遁逃，霍去病已骤马如电，厉声大喝，当场将二王毙于马下。其余匈奴军士心胆俱裂，四散而逃。

5

战后，霍去病命人统计战果，此战斩首三千多匈奴精锐。

"三千？远远不够！"霍去病对身边将校说道："匈奴浑邪王与休屠王号称十万铁骑，诸将随我，灭了他们的威风！"

"喏！"十余名将校齐声回答。

当夜，霍去病已从俘虏口中得知匈奴浑邪王和休屠王的具体位置。

第二天天色未亮，霍去病大军已起。他知部下疲惫，但他不想给匈奴人以喘息之机。他果断下令，避开浑邪王和休屠王的正面精锐部队。大军疾驰，直扑浑邪王与休屠王的部族所在。

当汉军如神兵天将般出现在二王的部族领地时，胜负已没有了悬念。

浑邪王的儿子，匈奴的相国、都尉以及休屠王的祭天金人，都成了霍去病的报功之物。

此战斩获的匈奴首级，达到了前所未有的八千九百余级。

河西首战结束了，仅仅六天。这是不可思议的速度。

霍去病不负"冠军侯"之名，全甲还朝。

胜利的喜悦蔓延到国家的每一个角落，再也没有人怀疑霍去病的能力了。

武帝大喜，当廷下诏，加封霍去病二千户。在他眼里，彻底击溃匈奴，已是指日可待。

祁连悲歌

1

霍去病回朝后，兴冲冲地去看舅舅卫青。

卫青仍是病榻缠绵，幸赖妻子平阳公主悉心照拂，略有好转。

霍去病在军中寡言少语，一是行军速度太快，二是不愿让他人干扰自己的心神。见到舅舅，他难掩兴奋，将这六日战事详细地说了一遍。卫青十分欣慰，在汉朝诸将眼中极为强悍的匈奴，竟然在面对霍去病时，如枯木朽株，不堪一击。

"回去做好准备，第二战很快要来。"卫青面色凝重地说。

霍去病一愣，说道："匈奴如此惨败，难道他们还敢犯境？"

"不是他们，是陛下。主动权已在我方，战机稍纵即逝，赶紧回去准备。"

霍去病这才明白过来，点头道："去病只盼舅舅早日恢复健康，我们同扫匈奴！"

卫青面露微笑，说："一定会的！"

2

两个月后，武帝果然下旨，全军休养已毕，是再次出征的时候了。

霍去病不由对舅舅更为敬佩。

此次出征，武帝调集了数万骑兵。主将名为霍去病与合骑侯公孙敖两人，但谁都知道，真正的发令者，只可能是如日中天的冠军侯霍去病。

二人从北地郡出兵，再次深入匈奴腹地，志在扫平河西。为配合霍去病主力，武帝还调遣了博望侯张骞与郎中令李广，率一万四千精骑从右北平出塞。他们的主要任务是牵制匈奴左贤王部，确保霍去病西征取得全胜。

大汉能否获得甘凉要冲的最终控制权，打通西域之路，在此一役。

此次出征，霍去病率军正巧路过河东郡，他的生父霍仲孺此时正在河东郡平阳县，霍去病知晓后，心中已有决定，是时候给自己和生父一个交代了。

霍去病只带几名亲兵进入平阳县城。

平阳县民众得知威名赫赫的冠军侯霍去病来了，纷纷扶老携幼，想一睹冠军侯丰姿。

一个七八岁的孩子忽然挤到霍去病马前，抬头说道："你就是冠军侯霍去病？"

霍去病低头一看，见眼前的孩子眉清目秀，惹人喜爱，便微笑道："我就是霍去病，你是谁？"

那孩子说道："你姓霍，我也姓霍。"

霍去病不由一愣，随即问道："你叫什么？你父亲呢？"

那孩子大声说道："我叫霍光，我爹爹叫霍仲孺。"

霍仲孺自然知道，早已名震天下的冠军侯霍去病是自己儿子，但他哪里敢说？二十年前，自己与卫少儿母子分开。数年后，遵母命娶亲，直到八年前才又生得一子，取名霍光。他一直死死保守着这个秘密，生怕出言不慎，惹来大祸。

当听说冠军侯霍去病将至平阳时，霍仲孺十分忐忑。他在家中来回踱步，忽听得霍光在外面喊："爹！冠军侯来我们家了！"

霍仲孺惊得浑身一抖，再也迈不开脚步。

霍仲孺只觉大祸临头，不觉跪下，颤声说道："小民恭迎冠军侯！"

霍去病立刻下马，也当即跪下，声音颤抖："你，你就是我爹，爹快请起，受孩儿一拜！"

旁边的军士震惊地对视一眼，即刻将霍仲孺扶起。

霍去病在父亲面前，恭恭敬敬地拜了三拜，才起身站立。

霍仲孺终于明白，霍去病竟然是来认父的，他不禁激动落泪。

霍去病也禁不住眼眶发热。他左右张望，见父亲家里甚为简陋，当即转身对军士说道："你们即刻去买田宅奴婢，好好安置我父。"

霍仲孺转身入内，手拿一柄小木剑出来，颤声说道："冠……冠军侯，你看，这把木剑，还是大将军二十年前为你所削，我……一直留着，我……无日不想你啊。"说到这里，老泪纵横。霍去病听母亲说过这把木剑，没想到父亲保存至今，他伸手接过，眼泪夺眶而出。

这把木剑已让他知道，父亲从未真正地抛弃过自己！

霍去病料理完生父家中事后，再无挂碍，即刻踏上征程。他与公孙敖仔细谋划。霍去病提议，兵分两路，扰乱匈奴防线，在居延泽处合兵，同赴祁连。

公孙敖点头道："如此甚好，你我分兵，匈奴也得分兵，互相呼应，可拉开匈奴防线。"

策略已定，两人各自率部出发。

没想到的是，霍去病率部急行两千里后，竟再也得不到公孙敖的任何消息。

此刻他手上只剩一半军力，他抬眼看向身后这些随自己踏过焉支山的血性男儿，慨然说道："合骑侯已联系不上，我们要么收兵，要么孤军深入。收兵无功，孤军是险，该当如何？"

此刻他看似在问，其实心中已早有决定。

果然，霍去病也不等有人回答，双目炯炯，铿然说道："大汉男儿，岂可逢难而退！"

部将赵破奴、高不识、仆多等人奋然说道："我等决不后退！誓随将军！马踏祁连！"

数万铁骑同声呐喊："誓随将军！马踏祁连！"

霍去病拔出腰间宝剑，抬手划道弧线，剑尖直指北方，厉声喝道："即刻出发！"

大军马蹄一动，霍去病便感觉浑身血液在飞速奔流。

霍去病左手扣缰，右手长剑直指前方，一直高喊"随我来"。

这三字传扬开去，他身后的千军万马都感到一种凝聚在一起的激情。

战争中，胜负的天平永远只向士气更旺盛的一方倾斜。

狂风一般的大汉铁骑在霍去病带领下，越过居延泽，穿过小月氏，整个西部草原在霍去病大军的马蹄下震动。

终于，绵延峭拔的祁连山如梦境般在眼前出现了。

时方夏日，祁连山群峰仍是白雪皑皑，直入苍穹，抬头遥望，令人目眩神迷。自大汉开国以来，还是第一次，祁连山脉在大汉军骑面前展开了它亘古不变的壮丽英姿。

3

沿着山麓，数万骑匈奴军队摆开了阵势。

霍去病心头热血澎湃，阵势列毕后，大喊一声："先破匈奴，再洗征衣！"只见霍去病挥剑直进，他身后的大汉军骑也奋勇争先，呐喊声波翻浪涌般扑向匈奴阵营。

对匈奴人来说，祁连山是他们世世代代繁衍生息之地，从未想过汉军会兵锋至此。在他们眼里，从来只有汉军防守，只有他们能杀入大汉疆土，如今自己也尝到了战争的苦果。

这里的匈奴将士有不少参与过焉支山之战，早

只见霍去病挥剑直进，他身后的大汉军骑也奋勇争先，呐喊声波翻浪涌般扑向匈奴阵营。

已领教了霍去病的犀利剑锋。此刻见霍去病纵马冲阵，不由心头震恐，但又不得不上前迎战。

这是载入史册的一战。

双方的嘶吼呐喊，刀光剑影，弥漫了整个山麓。

祁连山的山峰震颤，雪如春潮，轰隆而下。

霍去病、赵破奴、高不识、仆多等汉将，将自己的名字永远刻在了祁连山的石头之上。

大汉军骑孤军深入，没有支援。但在霍去病身先士卒的冲锋下，大汉全军气冲霄汉，个个以一当十，匈奴兵多无勇将，兼之元气未复，再次兵败如山倒。再也无心恋战的匈奴单桓王、酋涂王率众投降。

此役汉军共杀敌三万二百人。

霍去病血满征衣，手中长剑，傲然指向祁连最高之峰！

"冠军侯！冠军侯！"胜利的大汉将士忍不住齐声呐喊。千百年后，祁连山的峰谷似乎还回荡着当年浩大声势的不绝回响！

此战之后，河西大局已定，霍去病军旗所向，令曾经不可一世的匈奴人闻风丧胆！

令霍去病名垂青史的祁连山一役，不仅为大汉收复了军事价值无二的河西走廊，更打破了匈奴人的心理防线。在此处世居的匈奴人，只剩下翻越祁连山引马北去的唯一出路，离开了他们赖以生存的草原。

在祁连山下，匈奴人留下了一支令人闻之心酸的悲歌：

> 亡我祁连山，使我六畜不蕃息！
> 失我焉支山，使我妇女无颜色！

歌声的凄切反映了汉匈之间攻守关系的转变。这是在霍去病手上完成的巨大转折。

武帝增封再胜还朝的霍去病五千户，其部将赵破奴被赐封为从骠侯，高不识为宜冠侯，仆多为辉渠侯。

黄河受降

1

失去祁连山，令伊稚斜单于不可忍受。他勃然大怒，召驻扎于此的浑邪王和休屠王前来，想要诛杀他们。

浑邪王数次败于汉军之手，河西走廊的匈奴兵力尽失，除投降和被俘者外，疆场毙命的超过四万精锐。浑邪王与休屠王早惶惶不可终日，此刻见伊稚斜单于相召，二人赶紧商议。

浑邪王对休屠王说道："单于心狠手辣，只听赵信之言，说什么诱汉军深入，设伏围歼，却不增援河西，如今只知降罪你我，咱们若是前去，只怕凶多吉少。”

休屠王点头说道："不错，河西走廊原本是单于心中重中之重，如今我们兵败，往见单于，真不知会给我们何种罪名。"

二人不知如何是好。单于命不可不遵；可遵命前去，只怕性命难保。

休屠王端起酒一饮而尽，恨恨说道："我们纵横半世，没想到会败于乳臭未干的霍去病之手！"

浑邪王来回踱步，突生一计，他对休屠王说道："再战是死，见单于也是死，不如干脆降汉，你看如何？"

休屠王吓了一跳，过半晌才说："投降汉朝？"

浑邪王缓缓点头，说："我们精锐尽失，剩余兵力虽有数万，却是非残即弱，不可能指望收复河西。难道真要等单于的刀架上我们脖子后，再去后悔不成？"

休屠王虽知伊稚斜单于不会轻饶自己，却从未有过投降之念，此刻听浑邪王说出"降汉"二字，真还接受不了。在他眼里，汉朝是匈奴不共戴天之敌，如何能弃戈投降？

浑邪王见休屠王拿不定主意，又继续说："两个月前，霍去病擒去我儿，闻得汉朝也没有为难他，可见刘彻不会对我们赶尽杀绝。如果我们此刻投降，还可保住荣华富贵，若是汉军再来，我们非死在霍去病手上不可！去见单于，也十有八九保不住脑袋。除了降汉，我们根本没有其他路可走。"

休屠王垂下头，想了片刻，终于抬头看着浑邪王说："看来只能如此了。"

2

正沿黄河筑城的大行李息接到浑邪王派心腹递上的投降密报后，不敢怠慢，星夜命人将此事报与朝廷。

武帝接报，哈哈大笑。自前朝始皇统一中国以来，几曾发生过两位匈奴王爷联袂请降之事？武帝将李息奏疏让群臣遍阅，然后对接任丞相之位仅有数月的李蔡说道："匈奴浑邪王与休屠王齐降大汉，实乃朝廷大喜！丞相可率百官前往受降。"

李蔡是李广堂弟，曾在元朔五年（前124）以轻车将军身份随卫青击败匈奴右贤王。因战功显赫，被汉武帝封为乐安侯。当公孙弘于元狩二年（前121）三月薨（hōng）于任上后，李蔡从御史大夫升为丞相。

李蔡奏道："陛下，臣与匈奴多次交手，知对方诡计多端。浑邪王与休屠王地位之尊，仅次于匈奴左右贤王，素来心狠手辣，虽有几败，但仍有控弦之士数万，如今投降不知是真是假。我们贸然前去，若匈奴怀有袭边之策，恐怕众官难逃，还请陛下明察。"

群臣听李蔡之言，不由相互交耳，觉得他说得有道理。

武帝也眉头微皱，点头道："那依丞相之见，该当如何？"

李蔡继续说道："陛下，如今朝中，唯大将军与冠军侯之名令匈奴人闻风丧胆。今大将军卧病，不宜前往。臣以为，受降之事，不妨命冠军侯率部相迎。一者，匈奴二王若是真降，冠军侯可顺利接降，再立新功；二者，若匈奴投降是假，袭边是真，臣料冠军侯也足以应付。"

武帝缓缓点头，还未开口，霍去病已跨步出班，拱手道："陛下，臣请旨前往！"

武帝一拍御案，说道："好！朕命你率精骑一万，前往黄河受降！匈奴多诈，冠军侯可见机行事。"

"臣遵旨！"霍去病抱拳领命。

3

九月的黄河，远远望去，无边无际。到河边之人，无不心生苍凉旷远之感。

李息将霍去病迎进府邸，告诉他浑邪王与休屠王已率军在黄河对岸五十里外安营扎寨，专候大汉朝廷消息。

和李蔡一样，李息也担心匈奴意在袭边，嘱咐霍去病小心行事。

霍去病说："不管他降汉是真是假，我今日便要渡过黄河，请大行备好船只。"

李息知霍去病勇武无双，作战风格素来一往无前，也不多劝。船只早已备好，霍去病一声令下，汉军渡过黄河。

在背河十里之地，霍去病列开阵势，命人前往匈奴营寨通报。

浑邪王与休屠王此刻已合兵，尚有五万之众。

匈奴大营分扎两座，左营驻休屠王，右营驻浑邪王。

听到霍去病渡河而来，二王都走出营寨，登营前土山远望。

只见霍去病一万军骑阵势齐整，军旗飞扬。

浑邪王长出一口气，说道："终于等到汉军前来，我们不必担心单于会派兵来攻了。"

休屠王不动声色，仔细观察很久，才转头对浑邪王说道："我看得清楚，大汉来受降的只有一万人马，我们手下尚有五万人马，不如我们将那一万汉军击溃，既可免遭投降之辱，又可在单于前报功。浑邪王以为如何？"

浑邪王吓了一跳，双眼圆睁，望着休屠王说道："我们不是来投降的吗？怎么又要去袭击？"

休屠王冷冷一笑，说道："我左思右想，我们与汉朝素来为敌。若真降了刘彻，也不会得到什么好处。再说，我们就是败在霍去病手下，如今他只带万人前来，并无援军，真是天赐良机。待我们取了霍去病首级，单于定将赏赐，到时再挥师河西，一战便可把失地夺回。"

浑邪王脸露惊喜，说道："休屠王说得不错，我们即刻回营，五万打一万，还怕打不过？"

休屠王哈哈大笑，转身便下土山。

浑邪王在其身后，蓦然拔出腰间佩刀。休屠王似有察觉，刚一回头，浑邪王已横刀挥过，只听"咔嚓"一声，休屠王人头落地。

休屠王的两员副将大惊失色。两人刚刚将手伸到刀柄，浑邪王及其手下已用长刀制住二人。

浑邪王双眼圆睁说道："休怪本王！休屠王真是不自量力，如今我们合兵虽有五万，却多是病残之部。你们也看见了，汉军首领乃霍去病，他与我们交锋时，哪一次不是以少胜多？现在要听信休屠王的，个个都得死！"

两员副将脸色发白，不知如何回答。

浑邪王又说道："休屠王已死，你们即刻回

营，召集军士，随我一同出降。”

那两人互望一眼，点头应命。

4

霍去病率军在河边列阵，就等浑邪王和休屠王率部过来投降。

他远远望去，隐见对方左边营寨渐起骚乱。

霍去病当机立断，厉声喝道：“匈奴人可能临阵变卦，随我冲过去！”说罢，他手中长剑一举，提缰纵马，率先冲出。一万军骑摇旗呐喊，直扑匈奴左边阵营。

原来休屠王那两员副将回营之后，将情况告知部众，欲煽动生事。匈奴士兵多彪悍之徒，对投降之举，多不认可，只是自己首领要降，不得已只能跟随。此刻听闻休屠王被浑邪王斩首，不由个个大怒，当下在那两员副将指挥之下，提刀取弓，上马欲战。

杀气在休屠王营中弥漫。

浑邪王如何不知左营中的乱象？他虽杀了休屠

王，但并不想攻击他的部下。正慌乱间，听得四十里外，马蹄如雷，杀声一片，扭头看去，只见霍去病一马当先冲来，其身后汉骑个个骁勇，令人望之胆寒，忙不迭命右营竖起降旗。

霍去病横刀跃马，直扑休屠王左营，那两员起事副将哪里有招架之力？刚一交锋，便被霍去病斩于马下。休屠王部下顿时大乱，四散而逃。汉军所向披靡，半个时辰不到，休屠王部下大半被汉军阵斩。

浑邪王在旁，眼见霍去病纵马如飞，威风凛凛，往来杀人，直如猎兔，心想便是这五万人同时造反，又岂是霍去病之敌？不由惊得浑身发抖。其部下也有一些勇士冲马而出，都转眼间被斩落马下。

又是八千颗匈奴头颅在沙场上堆积。

霍去病披风飞扬，勒马喝道："还有哪个不服？可出来试我大汉刀锋！"

休屠王部下的残余老弱哪里还敢反叛？尽皆卸甲投降。

见降者尽伏，霍去病策马走到浑邪王面前，大声说道："你今日来降，乃识时务之举。我奉大汉天子之命，前来受降，你的剩余之众，都随我渡河。你乃王爷，我会单独遣你去见天子！"

浑邪王弯腰献上腰刀，说道："今日亲见将军威仪，小王心折。"心中想，如果听信休屠王之言，别说自己会命丧当场，在汉朝当俘虏的儿子也免不了引颈之灾，幸好杀了休屠王，自己和儿子的命，算是保住了。

抬头再看横刀立马的霍去病，铁甲红袍，披风飞扬，气概非常，如天人一般。浑邪王不觉长叹一声，心中明白，伊稚斜等人再狠，也绝非霍去病对手。匈奴人想染指中原的梦，怕是做到头了。

封狼居胥

1

伊稚斜单于虽吃了几场败仗，却自恃现有赵信出谋划策，不难恢复祖上的威风。而如今大汉已尽得浑邪王之地，陇西、北地、上郡三地都不再有匈奴骚扰。

武帝颁下圣旨，将降汉的浑邪王封为漯（tà）阴侯，并将其随属部众徙往边境故塞，列为帝国的五个属国，又将三郡戍卒减少一半，以宽天下之徭。徭多则民苦，孟子的"民为贵，社稷次之，君为轻"主张，未必是武帝心中所想，但减轻徭役，终究是得民心之事。

国家版图现已扩张到祁连山下，西域之途已被彻底打通。

如今伊稚斜无力南征，武帝便有时间休养士卒，增强国力。匈奴人虽连遭败绩，然其骑兵还是不可小视。只有取得骑兵优势，才能保证万无一失。

从破袭龙城至今，经过卫青、霍去病八年间的连番出击，战略主动权已牢牢掌控在武帝手中。汉军威名达到顶点，尤其浑邪王降汉之后，匈奴上下震动，先后竟有三十二王降汉。

武帝知道，汉匈之间，如今只剩一场决战，但要等大将军卫青病体痊愈。

时间选定了，在两年后的春夏之际。

两年间，大汉完成了战前的准备工作。

武帝一朝，终于迎来了兵势最为强盛的一刻。

2

元狩四年（前119）春天，卫青与霍去病于朝中受命，各率五万骑兵同时北征。作为后应的步兵也达数十万之多。

志在平虏的武帝知道，与匈奴之战，是到放手一搏的时候了。方向选定，卫青出定襄，霍去病出代郡。

三朝老将李广豪情不灭，主动请缨，要求随军出战。李广在文帝时便披甲抗匈，至今未得封侯。年过六旬，大概也是他最后一次率部出征了。武帝沉思良久，终于点头答应，封李广为前将军，同时命太仆公孙贺为左将军，主爵都尉赵食其为右将军，平阳侯曹襄为后将军。四位将军均属卫青调度。他们从定襄出兵，有可能遭遇伊稚斜亲率的大军，这将是一场难以想象的恶战。

出代郡的霍去病只要李广之子李敢为自己的副将。

武帝终究不放心，问："冠军侯还需何人为辅？朕允你亲点。"

霍去病双手抱拳，昂声说道："臣只需李敢为副，其他人等，可至右北平时让太守路博德率部跟随。"

武帝还是觉得甚少，他望向自己的武将们，问道："还有何人愿随冠军侯出征？"

从骠侯赵破奴朗声回答："臣愿随冠军侯北征！"

霍去病见赵破奴请奏，极为高兴。两年前的祁连山一战，赵破奴便是自己麾下，他斩匈奴遬濮（sù pú）王，擒稽且王，勇武非常，如今再一起出征，自能得心应手。

3

在高高的检阅台上，卫青和霍去病并肩站立，望着台下十万军骑擎旗扬戈，铁甲耀眼，阵容如巨大的洪流缓缓流过。二人不禁对望一眼。

"冠军侯此去，必能凯旋！"

"大将军也必凯旋！"

他们之间，无需多言，一个眼神、一个手势，都能读懂彼此的心意。

"凯旋之后，痛饮长安！"

"凯旋之后，大汉无患！"

一军士走上高台，在卫青和霍去病身前单膝跪下。

他举起一个托盘，上面是武帝亲赐的两杯出征御酒。

卫青、霍去病二人同时端起：

"请！"

"请！"

4

大汉军马一动，伊稚斜单于已得密探告知。他立即召集文武，商议对策。

赵信说："刘彻两路大军齐发，我们收拾他的时候到了。不妨按原计划行事，引汉军深入，一鼓而下！"

伊稚斜缓缓点头，说道："卫青与霍去病都来了，我要他们今日有来无回！传我命令，大军于漠北设伏布阵，一定要让他们命丧于此！"说罢，伊稚斜目露凶光说："霍去病夺我祁连，实在可恨！我亲自迎战霍去病！"

赵信摇头说道："霍去病一勇之夫，殊不足

虑，卫青才是我们真正的心腹劲敌。依臣之见，还是单于在漠北亲迎卫青，至于霍去病，让左贤王九万铁骑应付足矣。"

伊稚斜同意了。

赵信冷笑道："这一战我们若得胜，汉朝的十万军士将全部覆没，汉朝江山唾手可得啊！"

伊稚斜禁不住仰头大笑，随即，他望着帐前十余名骁将，突然喝道："章渠，你过来！"

虎背熊腰的章渠道："在！"

伊稚斜下令："我命你速带本部人马，传令左贤王，迎击霍去病，提头报功！"

章渠傲然说道："我做左贤王前部先锋，当生擒霍去病！"

伊稚斜手一挥："快去！"

随后，伊稚斜将其余将领各自派遣，尽起精锐，往漠北埋伏。

5

霍去病出代郡之后，一声令下，大军果如狂

风，一路扑向北方。

右北平太守路博德早在城内待军。他素闻霍去病军骑如风，还是没料到五万人马会以如此快的速度抵达。霍去病并不歇息，军令闪电般传下，路博德率部随军，即刻北上。

茫茫沙漠，一望无垠。五万军骑万众一心，在沙漠上激起漫天风沙。大漠颤抖，如迎来黑色飓风。这股飓风一刻不停，向西北方向呼啸而过。

在伊稚斜帐前请命为左贤王先锋的章渠，连阵势还来不及布下，就被霍去病风驰电掣般的行军速度震惊得手足失措，哪里还记得自己在伊稚斜面前夸下的海口？硬着头皮刚一出战，阵营便被霍去病摧枯拉朽般击破，自己也一战被擒。从战场上死里逃生的士兵们疯狂策马，将军情告知左贤王。

左贤王闻讯大惊，仓促间召集兵力。他认为自己所辖地域在沙漠之后，汉军无论如何无法越过。左贤王镇定之后，指挥能征惯战的部下迅速组织起防御阵型。

关于霍去病的行军速度，左贤王总以为是一个被夸大的神话，如今闪电破袭，左贤王才知百闻不如一见。所有匈奴将士都只觉扑来的汉军如离弦之箭，个个惊得面如土色。

左贤王命手下的屯头王和韩王出战，霍去病麾下的李敢、赵破奴、路博德等人也在霍去病的气概鼓舞之下，齐声呐喊，跃马冲阵。汉军势若蛟龙，气如长虹，转眼之间，屯头王和韩王都被生擒于马下。

左贤王见势不好，拨转马头，往后便逃。

大汉将士呐喊如雷，纵横驰骋，过不多时，匈奴尸首已是堆积如山。

霍去病远望左贤王奔逃方向，厉声喝道："击溃匈奴，在此一役！"

数万铁骑杀声震天，只见军旗前倾，马蹄狂乱，大汉骑兵朝左贤王奔逃的方向紧紧追去。

左贤王奔至离侯山，不敢停留，霍去病大军翻山，再次斩将。

左贤王奔至弓闾河，无从闪躲，霍去病大军渡河，连续夺旗。

终于，霍去病因挺进太快，马匹渐乏，最终未能追上落荒而逃的左贤王。

霍去病安营歇马，众将报上战果。此次出征至此，已有匈奴王爷、将军、相国、当户、都尉等八十三人被生擒，被斩杀的匈奴精锐达到前所未有的七万零四百四十三级！

6

夜幕来临了。以往只有风鸣的大漠，响起了大汉军旗的猎猎声，刀甲碰撞的铿锵声。

汉军篝火连营，万马长嘶。霍去病手指远处一座高山问道："那是何山？"

身为俘虏的匈奴屯头王胆战心惊地回答："那是狼居胥山。"

霍去病傲然抬头，说道："我大汉天威到此，霍去病今日要在狼居胥山上举行祭天封礼！"

霍去病喝道："众将随我前往！"随即鞭马朝狼居胥山奔去。李敢、赵破奴、路博德等人紧随其后。

霍去病纵马来到山下，众将随霍去病齐齐

霍去病傲然抬头，说道："我大汉天威到此，霍去病今日要在狼居胥山上举行祭天封礼！"

下马。

狂风已过，风沙渐息，霍去病命人在山上搭建祭坛，而后登坛祭天。

霍去病将披风朝后一摆，弯腰从地上抓起一把沙子，双足立定，扬声说道："今大汉霍去病在此增土封山，记功绩于此！"

身后众将齐声高呼："冠军侯封狼居胥，彪炳千秋！"

霍去病抬头说道："封山已毕，待我山头祭天！"

只见他奋身上马，提缰一催，青骢马迈开四蹄，直往山头奔去。

夜色更浓，寒风更凛，霍去病在山头远望大漠长空。人在山巅，似乎山在拜服。

此时此刻，是霍去病的人生巅峰。他蓦然勒紧缰绳，青骢马前蹄高高抬起，一阵天地间的马嘶人啸，穿云入霄！

李敢之死

1

封山祭天之后，霍去病再往西边的姑衍山祭地。而后大军拔营起寨，奏凯回军。

这场奔袭数千里的胜利，激励着大汉每一位将士。

大军缓缓班师，一路不断接到卫青的胜利消息。

卫青果然是与伊稚斜单于正面交锋，一战击溃对方后，大汉军骑也追击残兵到了距长安数千里外的寘（tián）颜山下。

霍去病闻报，极为振奋，回望大军，高声说

道："今日之后，我大汉之北，再无匈奴侵扰！"

大军闻得喜讯，尽皆狂呼。

再过几日，右北平已经在望。路博德早命人先行开城迎候，大军终于一洗征尘。

当日路博德大开筵席，为汉军庆功。

众将心中，俱被兴奋豪情充满，时而有人慷慨高歌，时而有人舞剑助兴，正酒酣耳热之际，门外忽然跑进一军士，眼中盈泪，哀伤不已。他一进来就单膝跪地，望着端坐首席的霍去病拱手说道："报将军……"一语未毕，泪水再也忍不住，扑簌簌滚下。

霍去病放下酒杯，眉头微皱，问道："何事惊慌？"

那军士抬头擦泪，哑声说道："李广将军……自刭（jǐng）而亡了！"

霍去病猛然起身，厉声喝道："此事当真？"

旁边的李广幼子李敢，陡闻父亲自刭，手中酒杯"仓啷"一声掉在地上，他跃身而出，走到那军士面前，双眼瞪圆，抓住对方衣襟，说道："你……你说什么？"

所有将领都被震惊了。

在卫青、霍去病崛起之前，李广实为汉军灵魂人物，在文帝时便披甲抗匈，景帝时扬威于"七国之乱"的疆场，与匈奴前后交锋七十余次。他爱兵如子，深孚众望，匈奴人惧其勇猛，称其为"飞将军"。只是他时乖命蹇（jiǎn），始终未取得一场大捷，以至于六十岁仍未封侯。

只听那军士说道："大将军命前将军与右将军东往，包抄匈奴残部，不料两位将军迷失道路，未能越过沙漠，大将军回师之后，命前将军幕府对簿，没想到他竟然……"此时，那军士已泣不成声。

李敢闻言，忍不住放声大哭。一众将领，都是纵横疆场、临危不惧之人，此刻闻得李广噩耗，竟是人人落泪。

2

漠北一战后，匈奴远遁，漠南无王庭。霍去病增封五千八百户，其余将士均论功行赏。

尽管胜利果实是霍去病与卫青联手摘取，然而，霍去病封狼居胥，威风无二，卫青亲战伊稚斜，却让伊稚斜在眼皮底下溜走，再加上李广自刭等事，使得卫青的胜利大为减色。此后卫青的权势日益减退。

群臣看得清清楚楚，武帝对霍去病宠遇日隆，大家不由纷纷前往霍去病处奉承，大颂赞歌，就连卫青的不少故人和门下也纷纷转事霍去病。

卫青素来对朝廷争斗颇为厌倦，此时索性居府养病，不问朝政。除任安及公孙敖等旧人之外，罕有人登门。昔日车水马龙的大将军府外，竟冷清得门可罗雀。

不过，霍去病却始终惦记着舅舅。

霍去病虽被群臣围绕，他却始终牢记，自己是舅舅一手栽培。更何况，在他心里，舅舅乃当世无二的军事家，自己虽立下显赫军功，然而对舅舅的崇敬之心却从未减少。他还是经常前往大将军府，与卫青谈兵论道。

3

元狩五年（前118）某日，霍去病登门去看望卫青。

刚到门前，就察觉大将军府的门人面有不怿之色，一见霍去病来，赶紧弯腰，说："将军请进。"

过了半晌，卫青才出来。

霍去病一见舅舅，顿觉惊讶，原来他的额顶头发垂下。他从未见过舅舅这个样子。

"舅舅尚在休歇？"霍去病问道。

卫青微笑道："正在房内读书。"

霍去病见舅舅神色明显有所回避，尤其那束垂到额前的头发古怪。他忽然起身，一步走过去，将舅舅头发一拨。

卫青没料到霍去病会来此一手，闪避不及。

霍去病看得清楚，卫青额头横过一条伤口，血迹殷然，显是新痕。

霍去病顿时大怒，说道："舅舅，您额上之伤，是何人所为？这不像是您自己不慎导致的，一定是有人击伤。舅舅告诉我，何人如此大胆？"

卫青微一摆手，说："算了，不要问了。"

霍去病更是恼怒，说道："舅舅，您是当朝大将军，竟然有人胆敢对你动手？怎么可以算了！您告诉我，到底是何人所为？"

卫青见霍去病情绪激动，轻声叹口气，说道："我不会说的，今日我甚是疲倦，先去休息了。"

霍去病怒气冲冲出来，转念一想，又返回将卫青门前的军士叫来。

那军士见霍去病满面怒容，不由惶恐。霍去病目如寒冰，冷冷说道："大将军额前之伤，是如何来的？"

那军士脸色发白，讷讷道："大将军不许……"

霍去病已冷冷打断："要我再问一次吗？"

那军士嘴唇嚅动，终于说道："昨日，关内侯来府……"说完这几个字，那军士嘴唇哆嗦，不敢说下去。

霍去病勃然大怒："李敢？"他牙关一咬，转身离开。

4

甘泉宫内，武帝对霍去病哈哈大笑："大司马，朕命你过来行猎，你怎么把关内侯也叫上了？如此也好，你们随朕一起猎鹿！"说罢，武帝将缰绳一提，策马前奔。

武帝侍从纷纷鞭马跟上。

霍去病没有策马，只转过脸来，冷冷打量李敢。

李敢见霍去病脸色不善，拱手说道："大司马唤末将过来……"

霍去病左右一看，周围已无他人，当下冷冷说道："你好大的胆子！竟敢打伤大将军！为什么？"

李敢知道事情已无法隐瞒，眼望前方，脸上肌肉抖动，片刻后才慢慢说道："漠北一战，我父亲自刭，大司马是知道的。"

霍去病厉声喝道："你父亲自刭，是他犯下军规！身为军人，你不知军法吗？"

李敢双眼血红，转头看向霍去病，说道："我父亲是被大将军逼死的！我打听得清清楚楚，我父亲请命为先锋，大将军不允，才有他后来的迷路，未能如期到达战场。"

霍去病闻言更怒，喝道："打仗难道是儿戏？若非大将军运筹帷幄，大汉岂有取胜之途？你父亲想做先锋，大将军就得答应？若你父亲想做全军指挥，大将军是不是要交出军权？"

李敢脸色苍白。

霍去病冷冷道："你去追上陛下！"

李敢侧头看看霍去病，见后者脸上杀气弥漫。作为麾下，他太熟悉霍去病脸色的含义，头皮一阵发凉。此刻听他说要自己追上陛下，心想也只有陛下才能保住自己性命了。当下撒马狂奔。

跑得百步，李敢只觉身后杀机翻滚。他心惊胆战地回头一看，只见霍去病正弯弓搭箭，瞄准自己。

"将军！"李敢才叫得一声，霍去病已手指松开，那支离弦之箭如闪电般射中李敢咽喉。李敢一头栽到马下。

李敢心惊胆战地回头一看，只见霍去病正弯弓搭箭，瞄准自己。

5

武帝见霍去病和李敢没有跟上，命一侍从回马去召。

一会儿，那侍从惊慌失措地奔回来，跪在地上，脸色发白地说道："陛下，陛下……"

武帝眉头一皱，说道："何事如此惊慌？"

那侍从说不出话来，只抬手指指后面。

武帝回身看去，只见霍去病拍马过来。

马背上横卧着李敢，鲜血从喉部涌出。

武帝瞬间一惊。霍去病翻身下马，单膝跪在武帝马前，拱手说道："臣射杀了关内侯，请陛下降罪！"

武帝惊讶问道："何故杀人？"

霍去病抱拳说："数日之前，关内侯至大将军府，竟以下犯上，动手打伤大将军，臣一时不忿，射杀关内侯。请陛下降罪！"

武帝更惊讶了，问："关内侯何故打伤大将军？"

霍去病说道："关内侯以为他父亲自刭，是大将军所逼。"

武帝眉头皱起，抬头看看天空，又左右看看，说道："大将军出征之日，朕有手谕，不可让李广独战单于。大将军是奉旨行事，关内侯竟如此大胆？"

霍去病说："臣请陛下降罪！"

旁边侍从已惊吓得连大气也不敢出。

武帝面无表情，沉默片刻，双眼紧紧盯住霍去病，缓声说道："朕的天下，何事朕会不知？大将军如今府上冷清，难得你不忘舅甥之情，多去看望，如今关内侯打伤大将军，你便正好借关内侯性命告知他人，不可慢待大将军吧。"

霍去病闻言，心内暗惊，他虽生气李敢打伤舅舅，私下也着实有警示群僚之意。

武帝将身边侍从扫视一眼，声音仍是不紧不慢："今日关内侯随朕与大司马狩猎，触鹿角而亡。你们将关内侯送回侯府，安葬之费，由朝廷拨付。传朕旨！"

霍去病见武帝如此袒护自己，心中惊讶，更有感激，叩头谢恩。

天妒英才

1

在千军万马中尚安然无恙的关内侯李敢，竟然会触鹿角而亡，任谁也不会相信。但其死因出自皇帝之口，谁又敢去反驳？朝中自有热衷探寻真相之人，于是少不了一些李敢实死于大司马箭下的窃窃私语。

武帝像什么都没发生过，群臣自然得出结论，如今的大司马权力之盛，竟连杀朝廷命官也能得到包庇，可见武帝心中霍去病的位置之高。

霍去病位高权重，最欣喜的自然是陈掌和卫少儿了。

家中日日宾客盈门，丞相刚走，御史大夫又来，九卿大臣更是络绎不绝。

如今匈奴远遁，武帝的目光转向周边小国，伐朝鲜，讨羌夷，那些挥挥手便可横扫三军的战事，根本用不着霍去病与卫青出马。卫青毕竟年长，在朝廷日久，深知伴君如伴虎的道理，索性府中深养，霍去病得武帝宠爱，兼之年轻气盛，傲视群臣，平时多陪武帝射猎。

如今，终于四海清平。

2

元狩六年（前117）九月，秋风一起，落叶纷纷，长安一夜转寒。

武帝猎兴颇浓，一日刚刚准备好打猎装束，在宫前待发。只见常侍宦官满头大汗地跑来，跪下说道："陛下，大司马今日病重，不能应诏而来。"

武帝说："传朕旨意，着太医前往诊断。"宦官起身便去少府传唤太医。

武帝颇为扫兴，今日本想与霍去病同去猎鹿，不意霍去病染疾不能随行。

又过一日，武帝想起霍去病，传太医觐见。

武帝问道："大司马病情如何？"

太医回道："陛下，臣甚感棘手。大司马之病，颇为古怪，浑身发赤，须发脱落，现卧床不起，臣已先开出药方，但……无甚把握。"

武帝闻言一愣，说："无甚把握？大司马究竟是何病？"

太医见武帝面有怒色，赶紧说："微臣行医以来，从未见过如此之病，现正想再去探望。"

"快去！"武帝喝道："大司马之病，非治好不可！"

太医赶紧躬身退出，再往陈掌府邸。武帝眉头皱起，终不知究竟是何状况。

3

霍去病病情日益严重。太医所开药方，没起任何作用。

朝臣开始议论，说大司马霍去病病情到了谁也无法控制的地步。

武帝亲自探望霍去病后明白，自己宠爱的霍去病已到病情危及生命的地步，于是立刻下诏，遍寻海内名医，若治好大司马，万金为赏。

时间一天天过去，却始终没有哪位名医前来一试身手。

宫中太医尽出，一个个得出的结论都不相同。谁都知道，所谓治疴疗疾，无非对症下药。如今症状骇人，症因又不明所以，办法试尽，始终不见效果。

霍去病性情素来急躁，卧床喝了几碗药后，命人不许再拿药碗进来。

卫少儿心乱如麻，亲自端药过来。霍去病此刻谁也不认，虽周身无力，却还是抬手将卫少儿手中药碗推到地上，眼光凌厉。

卫少儿被儿子吓得浑身发抖，整夜难眠。

4

霍去病患病半月后，半夜房间里突然传出离奇恐怖之声。

陈掌与卫少儿被惊醒。

声音慢慢平息了，突然，又传出霍去病一声狂吼，紧接着便再无声息了。

陈掌和卫少儿赶紧走出卧房。

外面，府中下人也出来不少。每个人都十分惊慌，却无人敢去霍去病房间。

卫少儿咬咬牙，举手推门，竟无法推开。

她感到奇怪，霍去病卧床之后，房间不可能在内闩上，现在居然推不开，不由又惊又急，用力拍门，拼命喊道："去病！去病！你开门啊！"

房内声息全无。

陈掌灵机一动，走到窗前。窗户倒是一推便开。往里瞧去，陈掌吓一大跳，只见桌椅摆设全被砸烂，门被桌子顶住。霍去病仰天倒在地上，已经没有了呼吸。

大家这才明白，刚才那阵响声，是霍去病临终前与死神搏斗时奋力砸烂房间家什所致。

5

看着跪在面前痛哭的陈掌和卫少儿，武帝震惊得说不出话来。他呆坐良久，才缓缓起身，口中喃喃说道："朕要使冠军侯马踏祁连之功，永留青史！"

武帝当即传旨，将霍去病墓址选在茂陵，征石匠千人，以最快的速度修建大司马陵墓。

第二道圣旨是，令边境五郡铁骑，从长安列队至茂陵墓地，全部黑衣铁甲，白绫裹矛，齐往祭奠。

卫青率百官到得陵前，只见陵墓起伏如山——那是祁连山的模样。

没有什么比祁连山更能彰显霍去病的不朽功勋了。祁连山之战是霍去病名垂青史的惊天之战，正是因为此役，大汉彻底击败西部匈奴，打通西域。这是睥睨八方的功绩，也是彪炳千秋的功绩。

看到这座祁连山之状的陵墓，众人眼前都不禁浮现出霍去病生前横戈跃马的绝世英姿。

看到这座祁连山之状的陵墓，众人眼前都不禁浮现出霍去
病生前横戈跃马的绝世英姿。

如此短暂，又如此灿烂。

武帝连颁圣旨，追封霍去病为"景桓侯"，其五岁幼儿霍嬗承接冠军侯爵位。

霍去病的辞世，不仅令武帝痛惜，令满朝文武痛惜，更令大汉的千万民众痛惜。只从年龄来看，霍去病的一生还远远没有展开，根本谈不上走过一生。但从他取得的盖世之功来看，又是令人叹为观止的一生。

霍去病
生平简表

● ◎ 西汉建元元年（前140）

霍去病出生。父，霍仲孺，母，卫少儿。

● ◎ 元朔六年（前123）

霍去病首战告捷，受封冠军侯。

● ◎ 元狩二年（前121）

春，霍去病出陇西，历匈奴五王国，转战六日，过焉支山，战皋兰山；夏，战祁连山，收复河西走廊；秋，匈奴浑邪王投降，霍去病黄河受降。

●◎元狩四年（前119）

霍去病击败匈奴左贤王，封狼居胥。此役，卫青于漠北击败匈奴单于，从此"漠南无王庭"。李广自刭。

●◎元狩五年（前118）

霍去病于甘泉宫射杀李敢。

●◎元狩六年（前117）

霍去病病逝，葬于茂陵。武帝追赐"景桓侯"谥号。年二十三岁。